중년, 엣지있게 디자인하라

| 경력전환 가이드라인 |

중년의 경력 전환. 선택이 아닌 필수!!

중년, 엣지있게 디자인하라

| 경력 전환 가이드라인 |

윤경희 지음

좋은땅

서문

책을 쓰게 된 배경과 의도

이 책은 단순한 조언서가 아니다. 경력 전환을 고민하는 이들에게, 내가 직접 경험한 현실과 통찰을 바탕으로 현실적인 길잡이가 되고자 집필하게 된 책이다.

나는 28년간 7개의 외국계 기업에서 인사 업무를 담당했고, 그중 16년은 임원으로서의 경력을 쌓았다. 마지막으로는 샤넬코리아에서 인사총괄 전무로 약 10년간 근무하며, 조직 내 리더십, 경영진 지원, 인재 개발을 총괄하였다. 이후 '가치' 중심의 선택을 통해 기업을 떠나 제2의 인생을 시작하게 되었다. 더 이상 회사의 명함이 아닌, '윤경희'라는 이름으로 세상과 마주해야 했다.

조직이라는 보호막을 벗어나 개인으로서 존재한다는 것은 곧 '영업'을 시작하는 일이었다. 어깨에 들어간 힘을 빼는 데만 2년이 걸렸고, 하루아침에 월 수입이 100만 원도 되지 않는 현실을 마주하며 무력감과 혼란 속에서 방황하기도 했다. 그러나 그 시간을 통해 나는 나의 가치를 재정의하고 새로운 방향을 설정할 수 있었다.

현재 나는 이화여자대학교를 거쳐 숙명여자대학교 경력개발처 특임교수로 재직한 지 7년째다. 학생들의 구직 역량 강화를 돕고, 의미 있는 커리어를 설계할 수 있도록 강의와 멘토링을 이어 가고 있다. 숙명여대에 부임한 후 첫 번째로 기획한 프로젝트는 세계적인 브랜드와의 산학협력 프로그램 기획이었다. 우리나라 진출해 있는 에르메스, 구글, 마이크로소프트, 슈나이더 일렉트릭, 네슬레, 유한킴벌리, 구찌, 보데가베네타, 루이비통, 온세미, Group M 과 신한 DS, 김앤장법률 사무소, 수퍼빈(혁신 AI기반 리사이클링 기업), 더마펌(K-beauty) 등과의 MOU 체결 혹은 프로그램 운영은 도전이었고, 동시에 학생들에게도 특별한 성장의 기회를 제공한 프로젝트였다.

학생들이 보내오는 손편지나 감사의 엽서를 받을 때면, 오히려 내가 더 감사한 마음이 들었다. 이 일은 단순한 재취업이 아니라, 나 자신을 브랜딩한 결과이자 제2의 인생이 시작되었음을 보여 주는 증거이기 때문이다.

나는 '인생은 영업이다'라고 생각한다. 지금의 나는 모든 학생이 고객이고, 모든 기업이 파트너인 인생 2막의 영업사원이다.

나는 '사석일박(四碩一博)'이라는 별명을 가지고 있다. 석사 학위를 네 개, 박사 학위를 하나 보유하고 있으며, 평생학습자로서의 길을 멈추지 않고 있다. 이것은 나의 전문성과 진정성을 뒷받침해 주는 중요한 자산이다.

회사에 있을 때는 조직이 영원할 것이라고 믿었다. 그러나 50대 초반, 예상보다 빠른 퇴사를 맞이하며 현실을 직시하게 되었다. 조직 밖의 세상은 생각보다 냉정했고, 누구도 그 사실을 미리 말해 주지 않았다. 많은 임원들이 여전히 자신이 중심이 되어 세상이 돌아갈 것이라고 착각한다. 나 역시 과거에는 그랬다. 그러나 조직을 벗어나고 나서야, 내가 누려 왔던 혜택들이 얼마나 빠르게 사라지는지를 몸소 경험하게 되었다. 삶의 방향은 그제서야 다시 설정할 수 있었다.

이 책은 그런 과정을 직접 겪은 후에야 비로소 쓸 수 있었던 이야기이다. 누군가는 "왜 이렇게까지 솔직하게 쓰느냐"고 묻는다. 그러나 나는 이 책이 누군가의 경력 전환에 있어 '참고서'가 되기를 바란다. 나의 여정이 절대적인 정답은 아닐 수 있다. 하지만 방황하는 중년들에게 실천 가능한 이야기, 공감할 수 있는 진심을 전하고자 한다.

이 책은 경력 전환의 각 단계를 중심으로 구성되어 있다. 각 장은 실제 사례와 실천 전략을 담고 있으며, 독자들이 자신의 상황에 맞는 방향을 설정하고 실행할 수 있도록 돕고자 한다. 나 역시 인사, 조직 관리, 교육 분야에서 쌓은 경험을 바탕으로 기획, 컨설팅, 강연, 코칭, 집필 등 다양한 방식으로 경력을 확장해 왔다.

30년간의 경력을 돌아보며, 무엇을 남기고 무엇을 버릴 것인지를 고민하는 일은 제2의 인생을 위한 필수 과정이다. 남길 것은 경험에서 얻은 지혜, 인간관계, 그리고 나만의 핵심 역량이다. 반면 버려야 할 것은 불필요한 책임감, 과거의 집착, 낡은 방식이다. 이제는 어떤 가치를 중심으로 남은 인생을 설계할 것인지를 진지하게 고민해야 할 시점이다.

독자들에게 전하는 메시지

이 책을 펼친 당신에게 먼저 말하고 싶다. 지금 당신이 어느 순간에 서 있든, '경력'이라는 여정에서 우리는 누구나 새로운 길목을 맞이하게 된다는 사실이다. 이 책은 그 길목에서 방향을 잃지 않도록 돕기 위해 쓰였다.

나 역시 그랬다. 28년간 외국계 기업에서 커리어를 쌓으며, 누구보다 열심히 그리고 치열하게 일했다. 직장 내에서는 의사결정자로, 때로는 조직의 핵심으로 자부심을 가졌고, 마지막 직장은 글로벌 명품 브랜드 샤넬의 인사 총괄 전무였다. 그러나 그 찬란한 타이틀은 퇴직과 동시에 사라졌다. 더 이상 회사의 명함이 아닌, 나 자신의 이름으로 살아가야 하는 현실 앞에서 나는 많은 고민을 했다. 그리고 이제는 여러분께 그 고민의 여정을 나누고자 한다.

누구나 언젠가는 '제2의 인생', '제3의 인생'을 맞이하게 된다. 특히 중년 이후, 우리는 예기치 않은 변화와 선택의 기로에 서게 된다. 자발적이든 비자발적이든 퇴직 후에는 '나'라는 개인으로 세상과 마주해야 하는 시간이 온다. 그때 가장 먼저 느끼게 되는 것은 막막함과 두려움이다. 나 또한 그 시간을 겪으며, 어깨의 힘을 빼고, 다시 나 자신을 브랜딩하는 법을 배웠다. 그리고 비로소 깨달았다. '조직을 떠난 이후의 삶이야말로 스스로를 '영업'해야 하는 진짜 무대이다'라는 사실이다.

이 책은 그저 성공적인 사례를 나열하는 책이 아니다. 현실의 벽 앞에서 좌절하고, 다시 일어나 한 걸음씩 나아갔던 저자의 솔직한 이야기와 함께, 수많은 실제 사례를 담았다. 또한 최신 연구와 데이터를 바탕으로 변화하는 시대 속에서 중년 이후 커리어를 어떻게 전략적으로 설계하고 실행할 수 있는지 구체적인 방법론을 제시한다.

중년 이후의 삶은 끝이 아닌 또 다른 시작이다. 그리고 이 이야기는 50대, 60대에게만 국한되지 않는다. 이제 막 사회에 진입하는 젊은이들에게도 이 책은 '긴 호흡'으로 인생을 바라볼 수 있는 지혜를 전하고자 한다. 직업은 단발성이 아니다. 제1의 인생이 지나면 제2의 인생이 있고, 또 그 이후가 있다. 그러니 언제나 다음 무대를 준비하는 마음으로 오늘을 살아가야 한다.

나의 경험과 수많은 이들의 사례가 이 책에 녹아 있다. 막막한 현실 속에서도 자신만의 길을 찾을 수 있도록, 그리고 그 길을 두려워하지 않도록 이 책이 동행이 되어 주기를 바란다.

여러분의 다음 무대가 더 빛나기를 응원한다.

목차

서문 - 책을 쓰게 된 배경과 의도 · 4
독자들에게 전하는 메세지 · 8

PART 1 중년 이후의 커리어 변화, 왜 필요한가?

1. 중년의 경력 전환: 선택이 아닌 필수 · 14
2. 100세 시대, 제2의 직업을 준비하라 · 19
3. 직장에서의 생애 주기: 누구에게나 퇴직은 온다 · 26
4. 성공적인 전환을 위한 마인드 셋 · 30
5. 경력의 닻(Career Anchor)이 왜 중요할까 · 34
6. 돈, 명예, 성취 - 무엇을 남기고 무엇을 버릴 것인가 · 37
7. 경력 자산 vs. 소진되는 자원: 무엇을 활용할 것인가 · 41
8. 나의 강점은 무엇인가? 핵심 역량을 점검하자 · 46

PART 2 중년 이후에도 경쟁력을 유지하는 방법

1. 지속 가능한 경쟁력의 조건 · 52
2. 변화하는 시대, 필요 역량도 변한다 · 57

3. 평생학습의 중요성 - 배움을 멈추지 말라(四碩一博) ・62
4. 전문성을 넘어 다재다능한 인재가 되어라 ・67
5. 무경계의 경력 - 이화여대와 숙명여대교수가 되다 ・71
6. 네트워크가 자산이다 - 인간관계 재정비하기 ・76
7. 디지털 시대의 적응력 키우기 ・82
8. 건강이 곧 경쟁력 - 신체적/정신적 건강 관리(테니스) ・87

PART 3 경력 전환의 현실적 전략

1. 경력 전환을 위한 3단계 준비법 ・96
2. '좋아하는 일' vs. '할 수 있는 일' 구분하기 ・103
3. 퇴직 후의 경력 관리- 나의 주도적 경력 행동 ・108
4. 새로운 직업군 탐색 - 어디에서 기회를 찾을 것인가 ・114
5. 내 경력의 스토리텔링 - 차별화 전략 세우기 ・120
6. 프리랜서, 창업, 재취업 - 어떤 길이 맞을까? ・127
7. 이직과 재취업을 위한 실전 전략 ・133
8. 경제적 준비도 필수 - 재무 점검과 리스크 관리 ・145

PART 4 새로운 길을 개척하는 방법

1. '직업'이 아닌 '가치'를 중심으로 생각하라 ・156
2. 브랜드가 되는 나만의 경쟁력 만들기(CAREER@知) ・163

3. 경험을 자산화하는 법 - 강의, 컨설팅, 저술 도전 · 171
4. 커뮤니티와 네트워크를 활용한 기회 창출 · 179
5. 실패를 두려워하지 않는 도전 정신 · 187
6. 아쉬운 소리 용기 있게 하기 · 193
7. 끊임없는 변화와 성장 - 유연한 태도의 중요성 · 198

PART 5 성공적인 전환 후, 지속적인 성장 전략

1. 새롭게 시작하는 인생, 어떻게 의미 있게 보낼 것인가? · 208
2. 새로운 직업에서의 생존 전략 · 213
3. 지속 가능한 수입 모델 만들기(포트폴리오 경력 관리) · 219
4. 중년 이후의 삶에서 '성공'의 재정의 · 224
5. 은퇴 이후에도 활발한 활동을 위한 준비 · 229
6. 변화하는 환경 속에서 계속 적응하는 법 · 235
7. 세상에 '뚝딱' 이루어지는 것은 없다 · 241
8. 후배와 다음 세대를 위한 기여와 나눔 · 246

PART 1

중년 이후의 커리어 변화, 왜 필요한가?

1
중년의 경력 전환: 선택이 아닌 필수

✦

중년은 직업적 정체감을 느끼며 인생의 방향을 재설정하는 시기이다. 경력 전환은 더 이상 선택이 아니라 필수가 되었다. 빠르게 변화하는 사회와 경제 환경 속에서 중년의 경력 전환은 개인의 성장과 안정적인 미래를 위한 필수 과정으로 자리 잡았다. 많은 이들이 현재 직장에서 정년까지 안정적으로 근무할 것이라 예상하지만 현실은 다르다. 퇴직, 구조조정, 산업 변화, 기술 발전, 건강 문제 등 다양한 요인으로 인해 경력 전환의 필요성은 더욱 커지고 있다.

여러 산업에서 중년 이후의 경력 전환은 현실적인 문제로 떠오르고 있다. 예를 들어, IT 업계에서는 디지털 전환으로 인해 기존 기술을 보유한 중장년층이 구조조정 대상이 되었다. 50대 초반의 IT 개발자는 회사의 클라우드 전환으로 업무가 사라졌고, 이후 데이터 분석 교육을 수료하여 성공적으로 경력을 전환했다. 금융권에서도 자동화와 디지털 금융의 확산으로 중장년층의 역할이 줄어들고 있으며, 퇴직 후 핀테크 관련 교육을 통해 새로운 직업을 찾고 있다.

서울특별시 50플러스재단의 정책 보고서에 따르면, 중년층은 자신의 전문성을 활용해 전혀 다른 분야로 성공적인 경력 전환을 이루고 있다. 예술치료사, 자이언트 플라워 작가 등 다양한 사례가 증가하고 있다. 최근 대기업에서도 명예퇴직은 선택이 아닌 필수적인 과정이다. 50대 초반의 인사부 임원은 퇴직 후 강의 및 컨설팅으로 새로운 길을 개척하며 자립적인 경력을 쌓아 가고 있다. 이제 중년 이후의 경력 전환은 단순한 생계 수단을 넘어 개인의 성장과 자아실현을 위한 필수 과정이다.

중년 이후 경력 전환을 준비해야 하는 이유는 크게 다섯 가지이다. 첫째, 기대 수명의 증가로 인한 경제적 필요성의 증대이다. 둘째, 기업의 정년 단축과 조기 퇴직의 일반화이다. 셋째, 기술 발전으로 인해 단순 노동보다는 전문성을 요구하는 직업이 증가하고 있다. 넷째, 퇴직 후에도 사회적 역할과 자아실현에 대한 요구가 높아졌다. 다섯째, 중년 이후에도 지속적으로 도전할 수 있는 사회 환경이 조성되고 있다. 이러한 변화 속에서 경력 전환은 선택이 아닌 필수가 되었다.

중년의 경력 전환을 효과적으로 준비하기 위해서는 먼저 자신의 핵심 역량을 객관적으로 분석해야 한다. 자신의 경험과 기술이

타 산업에서도 경쟁력이 있는지, 강점과 약점을 정확히 파악해야 한다. 또한 지속적인 학습과 새로운 네트워크 구축이 필수적이다. 기존의 인맥이 퇴직 후 의미를 잃을 수 있으므로, 새로운 네트워크를 통해 기회를 확장하는 것이 필요하다. 새로운 기술 습득과 자격증 취득 등을 통해 경쟁력을 높이고 점진적으로 경력 전환을 준비하는 것이 현실적이다. 예를 들어, 나는 직장 생활을 하며 특수대학원에서 석사 학위를 취득했지만, 퇴직 후 부족함을 느껴 50세에 박사 과정을 시작했다. 경제적 준비 역시 철저히 해야 한다. 강의, 컨설팅, 글쓰기 등 다양한 수익 창출 방안을 고민하며 퇴직금, 연금, 투자 등을 포함한 현실적인 재무 계획을 수립해야 한다.

중년 이후 경력 전환 성공 사례는 다양하다.

A씨(45세, 제조 관리직)는 퇴직 후 정부 지원 프로그램을 통해 공조기능사 자격증을 취득하고 재취업에 성공했다. 이는 전문 기술 습득이 중년층 재취업의 중요한 열쇠임을 보여 준다.

B씨(40세, 중견기업)는 IT 분야 전환을 위해 개발자 과정을 이수했으나 초기에는 어려움을 겪었다. 이후 마케팅 직무 교육을 통해 취업에 성공하며 실질적인 직무 교육과 실습의 중요성을 입증했다.

C씨(50세, 중견기업)는 노인교구지도사 자격증을 취득하고 자원봉사 경험을 쌓아 정규 프로그램 운영자로 자리 잡았다. 이는 실

무 경험과 자원봉사의 중요성을 강조한다.

D씨(47세, 대기업)는 기존 경력을 활용해 창업 컨설턴트로 전환하며 중장년층의 경험과 연륜이 경쟁력이 될 수 있음을 보여 주었다.

E씨(52세, 중소기업)는 반려동물 행동교정사로 전환하여 적성과 흥미 기반의 직업 선택이 중년층에게 큰 만족을 줄 수 있음을 깨달았다.

통계청에 따르면 중장년층은 재취업 시 수입과 안정성을 가장 중시하지만, 흥미와 적성 역시 중요한 요인으로 부상하고 있다. 또한, 2025년 시행되는 '중장년 경력 지원제'는 참여 수당과 직무 교육을 제공하여 재취업 성공률 향상에 크게 기여할 것으로 기대된다. 따라서 중년의 경력 전환은 단순 생계 유지를 넘어 삶의 질 향상과 미래 대비를 위한 필수 과정이다.

경력 전환 준비의 출발점으로 다음의 질문을 스스로에게 던져 보자.

✔ 내 경험과 기술을 어떻게 활용할 수 있는가?
✔ 현재 직업이 5년, 10년 후에도 지속 가능한가?
✔ 퇴직 후 수익을 창출할 방법이 있는가?

✔ 새로운 직업이나 산업에 대한 충분한 정보와 네트워크를 갖추었는가?
✔ 경력 전환 준비를 위한 학습이나 경험을 쌓고 있는가?

또한 인적자원개발 전문가인 서울과학종합대학 S교수는 다음 질문을 권한다.

✔ 나만의 콘텐츠를 개발할 수 있는가?
✔ 나만의 콘텐츠를 전달할 수 있는가?
✔ 박사 학위는 필수는 아니지만 없으면 손해이다.
✔ 나의 네트워킹 전략은?
✔ 나만의 차별화된 브랜딩은?

이러한 질문에 대한 철저한 준비가 경력 전환 성공의 핵심이다. 위기가 아닌 기회로 변화시키기 위해서는 변화가 오기 전에 먼저 대비하는 것이 최선의 전략이다.

2
100세 시대, 제2의 직업을 준비하라

✦

이제 은퇴 후에도 30년, 길게는 40년을 더 살아야 하는 시대이다. 많은 이들이 제2의 직업을 고민하고 있으며, 이를 성공적으로 준비하기 위해서는 전략적인 접근이 필수이다. 경력 전환은 단순히 새로운 일을 찾는 것이 아니라 기존의 경험과 역량을 재정비하고 이를 시장에서 활용하는 과정이다.

인사 관리 업무를 담당했던 사람은 경력 코칭이나 컨설팅을 고려할 수 있으며, 기술직 종사자는 관련 분야의 강사나 멘토로 활동할 수 있다. 최근에는 링크드인(LinkedIn), 유튜브, 블로그, 전자책 출판 등의 온라인 플랫폼을 활용하여 직업 전환이 더욱 쉬워졌다.

A씨(58세, IT기업)는 온라인 강의를 제작해 디지털 마케팅 강사로 성공적으로 전환했다. 기존 경력을 활용하면서 새로운 기술을 습득한 대표적인 사례이다.

경력 전환을 준비하는 사람들은 기존의 전문성을 활용하면서 새로운 기술을 습득해야 한다. 대학의 평생교육원, 온라인 강의 플랫폼, 직업훈련 기관 등을 적극 활용하고, 실제 전직을 경험한 사람들과의 교류도 중요하다.

B씨(53세, 금융업)는 조기 은퇴 후 프리랜서 컨설팅을 병행하며 점진적으로 경력을 전환했다. 이를 통해 안정적인 새로운 커리어를 구축했다. 새로운 분야로 나아가는 과정에서 불확실성은 불가피하며, 이를 극복하기 위해 실패를 두려워하지 않는 도전 정신과 긍정적인 태도가 중요하다.

C씨(54세, 제조업)는 갑작스러운 구조조정으로 퇴직한 후 새로운 기술을 배우고 네트워킹을 시작했다. 그는 전기 설비 분야의 강사로 자리 잡으며 성공적으로 경력을 전환했다. 중년 이후 새로운 기회를 찾는 데 네트워킹은 필수적이며, 폭넓고 적극적인 네트워크 구축이 필요하다.

정부 및 공공기관의 일자리 지원 서비스도 적극 활용해야 한다. 대표적인 기관으로는 50플러스센터, 노사발전재단 등이 있다. 이곳에서는 다양한 교육과 구직 정보를 제공한다.

D씨(55세, 중소기업)는 노사발전재단의 경력 컨설팅 교육을 통해 중장년층을 위한 일자리 상담사로 새로운 커리어를 성공적으로 구축했다. 또한 경력 전환 과정에서 발생할 수 있는 경제적 공백에 대비해 재정 계획을 세우는 것이 필수적이다.

E씨(54세, 전업주부)는 정리수납전문가 과정을 이수하고 새로운 직업을 시작했다. 최근 수요가 증가해 한국정리수납협회까지 설립되었으며, 관련 직업의 전망은 매우 밝다.

새로운 직업 창출이나 창업도 고려할 수 있으며, 한국고용정보원(www.keis.or.kr)과 같은 기관을 통해 지원을 받을 수 있다. 창업은 철저한 계획과 지속적인 학습이 요구되는 도전적인 영역이다.

다음의 기관들은 중장년층을 위한 일자리 프로그램을 제공한다.

- 노사발전재단: https://www.nosa.or.kr
- 대한상공회의소: https://www.korcham.net
- 중소기업중앙회: https://www.kbiz.or.kr
- 한국경제인협회: https://www.fki.or.kr
- 한국경영자총협회: https://www.kemc.or.kr

그러나 현실적으로 중장년층에게 제공되는 일자리는 한계가 있다. 경비, 택배, 단순 노무직에 집중되어 있으며, 40대를 우선 선호하는 경향도 있다. 따라서 실제 기업에서 요구하는 직무와 자신의 희망 직업의 차이를 고려해야 한다.

전략적인 접근이 필요하다. 상대적으로 경제적으로 안정된 중년층은 사회공헌형 일자리를 선택하기도 한다. 생계형 일자리보다는 보람을 찾을 수 있는 방향으로 커리어를 설계하는 경우다.

100세 시대, 경력 관리의 중요성

100세 시대에 중년 이후 경력 관리는 선택이 아닌 필수이다. 변화하는 환경에 적극적으로 적응하고, 새로운 기술을 익히며 네트워크를 확장하는 것이 필수 전략이다. 평균 기대수명이 증가하면서 은퇴 이후에도 30년에서 길게는 40년 이상을 살아야 한다. 이에 따라 경제적 자립과 개인의 정체성을 유지하는 것은 중요한 과제가 되었다.

과거에는 정년퇴직 후 여유로운 노후를 보내는 것이 일반적이었다. 그러나 이제는 새로운 직업을 준비하는 것이 현실적인 선택으로 자리 잡았다. 통계청 자료에 따르면 50대 이상의 경제 활동 참가율이 꾸준히 증가하고 있으며, 60대의 재취업률 또한 상승하는 추세이다. 경제적 이유뿐 아니라 자기실현 욕구가 큰 영향을 미치고 있다. 하버드대 성인 발달 연구에서도 만족스러운 인간관계와 생산적인 활동을 지속하는 사람이 더 건강하고 행복한 노후를 보낸다고 밝혔다. 따라서 중년 이후의 체계적인 경력 관리는 건강하고 행복한 노후를 위한 필수 조건이다.

경력 전환을 위한 세 가지 핵심 전략

첫째, 보유한 역량과 시장 수요를 철저히 분석해야 한다. 오랜 경험을 가지고 있더라도 변화하는 시대에 맞는 경쟁력을 갖추는 것이 중요하다. 예를 들어 IT 기업 인사 담당자였던 A씨는 데이터 분석 교육을 받고 데이터 기반의 HR 컨설턴트로 성공적으로 경력을 전환했다.

둘째, 새로운 기술과 지식을 지속적으로 익히는 평생학습 태도가 필수이다. OECD 보고서에 따르면, 50세 이후에도 꾸준히 새로운 기술을 배우는 사람이 노동 시장에서 경쟁력을 유지한다. 제조업에서 30년을 근무한 B씨는 은퇴 후 온라인 마케팅을 학습하고 전자상거래 창업에 도전해 성공적인 온라인 쇼핑몰을 운영하고 있다.

셋째, 중년 이후의 인적 네트워크는 큰 자산이다. 네트워킹을 적극적으로 활용하여 새로운 기회를 창출할 수 있다. 금융업에 종사했던 C씨는 퇴직 후 동료들과 투자 컨설팅 회사를 설립하고 기존 고객과의 신뢰를 바탕으로 사업을 성공적으로 확장했다.

중년 이후의 직업 선택 시 고려해야 할 요소

첫째, 자신의 가치관과 맞는 직업을 선택해야 한다. 단순한 생계형 직업보다는 경험과 강점을 살릴 수 있는 직업을 찾는 것이 중요하다. 공기업에서 35년 근무했던 D씨는 행정 경험과 네트워크를 활용해 소규모 창업자에게 컨설팅을 제공하는 창업 컨설팅 전문가로 활동 중이다.

둘째, 노동 강도와 유연성을 고려해야 한다. 신체적, 정신적 건강을 유지하며 지속 가능한 직업을 선택하는 것이 중요하다. 교직에서 30년을 근무했던 E씨는 정년 후 온라인 강의 플랫폼을 통해 시간과 장소에 구애받지 않고 의미 있는 활동을 계속하고 있다.

100세 시대는 위기가 아니라 제대로 준비한다면 새로운 성장의 기회이다. 자신의 강점을 명확히 분석하고, 시대 변화에 맞추어 역량을 재설계하며, 지속적인 학습과 네트워킹을 통해 새로운 직업을 준비해야 한다. 경제적 지속 가능성과 개인의 가치관을 반영하여 의미 있는 직업을 선택하는 전략적 접근이 필수이다. 변화는 두렵지만 철저한 준비와 전략적 접근을 통해 새로운 기회를 만들 수 있다. 은퇴는 끝이 아니라 새로운 시작이며, 준비하는 사람만이 성공적인 제2의 커리어를 이룰 수 있다.

100세 시대에 중년 이후의 경력 관리는 더 이상 선택이 아니라 필수이다. 변화하는 환경에 적극적으로 적응하고, 새로운 기술을 익히며 네트워크를 확장해야 한다. 준비하지 않고 가만히 있으면 아무것도 바뀌지 않는다. 지금부터 철저히 준비하고 실행에 옮겨야 한다. 은퇴 이후에도 30~40년 이상을 살아가야 하는 만큼, 경제적 자립과 개인의 정체성을 유지하는 것이 중요한 과제가 되었다.

과거에는 정년퇴직 후 여유로운 노후를 보내는 것이 일반적이었다. 그러나 이제는 새로운 직업을 준비하는 것이 현실적 선택이다. 통계청에 따르면 50대 이상의 경제 활동 참가율이 지속적으로 증가하고 있으며, 60대 재취업률 또한 상승하고 있다. 경제적 요인뿐 아니라 사회적 연결과 자기실현 욕구가 큰 영향을 미치고 있다. 하버드대 성인 발달 연구에 의하면 만족스러운 인간관계와 생산적 활동을 지속하는 사람이 더 건강하고 행복한 노후를 보낸다고 한다. 따라서 중년 이후의 경력 관리는 건강하고 행복한 노후를 위한 필수적인 요소이다.

3
직장에서의 생애 주기: 누구에게나 퇴직은 온다

✦

중년 이후의 경력 관리와 퇴직 준비는 누구도 피할 수 없는 현실이다. 대부분의 직장인은 입사 후 성장을 거쳐 정점에 이르지만, 이후에는 하락과 퇴직을 맞게 된다. 누구나 조직에서 중요한 역할을 수행하지만, 결국 회사를 떠나는 순간이 찾아온다. 따라서 언제, 어떻게 퇴직을 맞이할지 미리 고민하는 것이 중요하다.

일반적으로 직장인의 경력은 다섯 단계로 나눌 수 있다. 입사 후 5년 이내의 적응기는 새로운 환경에 익숙해지고 실무를 배우는 단계이다. 25년 차 이후, 즉 50대 초·중반에는 전환기가 시작된다. 이 시기에는 역할이 축소되거나 후배들에게 자리를 내줘야 하는 변화가 생긴다. 마지막으로 퇴직 및 재도약기를 맞아 새로운 커리어를 찾고 삶의 의미를 재정립해야 한다. 퇴직은 누구에게나 오며, 자발적이든 비자발적이든 미리 준비하지 않으면 혼란을 겪게 된다.

퇴직 준비 과정에서 가장 중요한 전략은 정점기부터 미리 전환을 준비하는 것이다. 새로운 역할 탐색과 네트워크 구축이 필요하며, 재정적 안정을 위한 경제적 대비도 필수적이다. 또한 변화하는 시장 환경에 적응하는 것이 중요하다. AI와 자동화가 확산되면서 기존의 경험만으로는 경쟁력을 유지하기 어렵다. 지속적인 학습과 디지털 역량 강화를 통해 새로운 기회를 창출해야 한다.

다음은 중년 이후의 경력 전환 성공 사례이다.

A씨(55세, 대기업): 퇴직 5년 전부터 대학 강의를 준비해 퇴직 후 강사로 전환했다.

B씨(52세, IT 전문가): 50대 초반 퇴직 후 온라인 코딩 강좌를 통해 데이터 분석가로 성공적으로 전환했다.

C씨(50세, 마케팅 전문가): 블로그를 운영하며 컨설팅과 강연을 통해 새로운 수입원을 확보했다.

D씨(54세, 금융 전문가): 멘토의 조언으로 컨설팅 사업을 시작해 성공적으로 사업을 확장했다.

E씨(51세, 대기업): 퇴직 후 유튜브 채널을 운영하며 새로운 기회를 창출했다.

의미 있는 일을 계속하는 것도 중요하다. 직장에 있을 때부터 다양한 커리어를 시도하며 가능성을 확인하는 것이 효과적이다. 강의, 글쓰기, 창업, 비영리 활동 등 다양한 분야를 미리 탐색하는 것이 좋다. 멘토링과 네트워킹을 적극적으로 활용하며 현실적인 조언을 얻고, 경력 전환에 유용한 커뮤니티에도 참여해야 한다.

무엇보다 긍정적인 태도와 도전 정신을 유지하는 것이 중요하다. 퇴직을 두려움이 아니라 새로운 기회로 받아들이고 지속적인 자기개발을 통해 성장 마인드를 유지해야 한다.

퇴직 후 성공적인 전환을 위해서는 경력의 정리와 콘텐츠화가 필요하다. 기존 경험을 재구성해 새로운 형태로 활용할 수 있도록 블로그 운영, 강연, 저서 출판 등을 통해 개인 브랜드를 구축해야 한다. 미래의 방향성을 설정하고 구체적인 목표와 액션 플랜을 수립하는 것도 필수적이다. 창업, 프리랜서, 컨설팅, 강의 등 다양한 가능성을 모색할 수 있다.

재정 관리와 관계 관리도 중요하다. 안정적인 소득원을 마련하기 위한 자산 관리와 투자 계획이 필요하며, 인간관계를 유지하고 네트워킹 활동을 지속적으로 수행해야 한다.

사회적 지원과 정책 활용 역시 필수적이다. 정부의 재교육 및 직업 훈련 프로그램(예: 내일배움카드, 창업 지원 프로그램)을 적극적으로 활용해야 하며, 기업에서 제공하는 중장년 재교육 및 유연 근무 제도도 활용할 수 있다. 고령화 사회에서는 노동 시장 참여를 지속할 수 있도록 사회적 논의와 기업 및 정부의 협력이 중요하다.

최근 통계에 따르면, 중장년층의 취업자 수는 지속적으로 증가하고 있다. 2023년 기준 40대 이상 중장년층 취업자 수는 1,564만 명으로 2010년 대비 301만 명 증가했다. 이는 중장년층이 여전히 노동 시장에서 중요한 역할을 수행하고 있음을 나타낸다. 전통적인 직종이 감소하는 반면, IT 전문직과 같은 새로운 분야의 취업이 증가하고 있다.

퇴직은 끝이 아니라 새로운 시작이다. 준비된 퇴직과 갑작스러운 퇴직은 완전히 다른 결과를 가져오며, 정점기부터 대비한 사람은 퇴직 후에도 활발히 활동할 수 있다. 중년 이후의 경력 관리는 단순히 퇴직 대비가 아니라 새로운 삶을 설계하는 과정이다. 자기 주도적 노력과 사회적 지원이 함께할 때 개인과 조직 모두 지속 가능한 발전을 이룰 수 있다.

4
성공적인 전환을 위한 마인드 셋

✦

중년 이후의 커리어 변화는 단순한 직업 전환이 아니라 삶의 방향을 새롭게 정립하는 과정이다. 변화하는 환경에 맞춰 유연한 사고방식을 가지고, 새로운 기회에 대한 개방성을 유지하는 것이 중요하다. 기존 직장 중심 사고에서 벗어나 자신만의 가치를 재정립해야 한다.

자기 인식과 정체성의 재정립은 필수적이다. 과거의 직위에 집착하기보다는 현실을 직시하고 핵심 역량과 가치를 재정리해야 한다. "내가 무엇을 잘하는가?", "무엇을 할 때 가장 보람을 느끼는가?"와 같은 질문을 통해 깊이 있는 자기 탐색을 진행하는 것이 중요하다.

성장 마인드 셋(Growth Mindset)을 유지하는 것도 필수적이다. 비영리단체 '위민 인 이노베이션(Women in INnovation)'의 회원들은 대부분 조직 내에서 영향력을 가졌던 CEO나 임원들이지만, 비자발적 퇴사 이후 다시 자신을 정의해야 하는 상황에 놓였다. 이들은 변화를 긍정적으로 받아들이고 새로운 기술을 배우며 끊임없이 성장하는 태도를 유지하고 있다.

네트워크의 적극적인 활용 또한 중요하다. 던바의 법칙(Dunbar's Number)에 따르면 인간이 안정적으로 유지할 수 있는 사회적 관계는 약 150명 정도다. 퇴직 후 공식적 관계가 줄어들기 때문에 새로운 분야의 전문가들과 교류를 확대하고 기존 인맥을 점검해야 한다. 마크 그라노베터(Mark Granovetter)의 '약한 연결의 힘(The Strength of Weak Ties)'에 따르면 가까운 친구보다 먼 지인이 새로운 기회나 정보를 제공하는 데 더 유리하다. 다양한 모임과 커뮤니티에 적극적으로 참여하여 새로운 기회를 찾아야 한다.

포트폴리오 커리어를 구축하는 것도 경력 전환의 핵심 전략이다. 한 가지 일에만 의존하기보다 강의, 컨설팅, 글쓰기, 투자 등 다양한 역할을 조합해 소득원을 다각화하고, 자기개발과 성취감을 높여야 한다.

정서적 회복력(Resilience)도 중요하다. 예상치 못한 도전에 부딪힐 때 감정 조절과 긍정적인 태도가 필수적이다. 명상, 운동, 가족과의 시간을 통해 정신적 균형을 유지하며, 자신을 위한 휴식과 재충전의 기회를 마련해야 한다.

새로운 기술과 트렌드에 대한 지속적 학습도 필수적이다. 디지털 기술, AI, 데이터 분석 등 최신 트렌드를 익히고 단기 교육과정이나 온라인 강의를 통해 경쟁력을 유지해야 한다.

경제적 안정성과 재정 관리 또한 경력 전환에서 중요하다. 경력 전환에는 예상보다 긴 시간이 걸릴 수 있으므로 수입이 줄어드는 시기를 대비해 예산을 조정하고 투자를 고려해야 한다.

다음은 중년 이후의 커리어 전환 성공 사례이다.

A씨(52세, IT 전문가): 30년간 IT 기업에서 근무한 후 AI와 데이터 분석을 학습하여 온라인 강의와 네트워킹을 통해 스타트업(start-up)과 협업하며 컨설턴트로 활동 중이다.

B씨(55세, 금융권 임원): 금융업 경력을 활용하여 재무 컨설팅과 강연 활동을 시작, 작은 기업들에게 재무 전략을 조언하며 새로운 커리어를 구축했다.

C씨(50세, 교육자): 대학 교수직을 떠나 온라인 교육 플랫폼을 통해 기존 교육 경험을 살린 강의를 개설하여 많은 사람들에게 지식을 전달하고 있다.

D씨(57세, 마케팅 전문가): 브랜드 컨설팅을 시작하며 대기업 마케팅 경험을 살려 스타트업과 협력하고 있으며 네트워크를 적극 활용해 지속적으로 프로젝트를 수주하고 있다.

E씨(53세, 엔지니어): 제조업에서 근무한 후 기술 창업에 도전해

친환경 제품을 개발하며 중장년층 창업의 성공 사례로 평가받고 있다.

중년 이후의 커리어 전환은 새로운 시작이자 기회이다. 고정관념을 버리고 변화에 열린 태도로 자기 인식을 명확히 하고 지속적인 학습과 네트워크 확장을 통해 새로운 길을 개척해야 한다. 이는 단순히 생계를 위한 것이 아니라 개인의 성장과 삶의 지속 가능성을 위한 중요한 전환점이다. 나이에 대한 고정관념을 벗어나 자신의 삶과 커리어를 주도적으로 설계하는 것이 핵심이다.

5
경력의 닻(Career Anchor)이 왜 중요할까

✦

　경력의 닻(Career Anchor)은 개인이 직업을 선택하고 발전시키는 과정에서 가장 중요한 가치와 동기를 의미한다. 미국의 조직심리학자 에드가 샤인(Edgar Schein)이 제안한 이 개념은 사람들이 핵심 가치에 따라 직업적 선택을 하고 경력을 형성하는 데 도움을 준다. 그는 경력의 닻을 기술과 기능적 역량, 관리 역량, 자율성과 독립, 안정성과 보안, 창조적 기업가 정신, 사회적 가치, 도전, 라이프스타일의 여덟 가지로 구분했다. 경력의 닻을 명확히 이해하는 것은 만족스럽고 지속 가능한 직업 경로를 찾는 데 필수적이며, 특히 중년 이후의 경력 전환에서 더욱 중요하다. 단순한 직업 변경이 아니라 정체성과 방향성을 설정하는 과정이기 때문이다.

　경력의 닻을 명확히 하는 방법은 자신의 가치와 동기를 깊이 탐색하는 것이다. 단순히 좋아하는 일을 찾는 것이 아니라, 어떤 환경에서 만족감을 느끼고, 어떤 성취가 의미 있는지를 고민해야 한다. 에드가 샤인의 여덟 가지 경력 닻 중 자신의 핵심 가치를 파악하고, 그동안의 경력에서 만족했던 선택과 불만족을 느꼈던 상황을 분석해야 한다.

최근 연구에 따르면 경력의 닻을 명확히 인식한 사람들은 직업 만족도가 높고 이직 의사가 낮으며, 업무 몰입도와 성과가 뛰어난 것으로 나타났다. 2023년 하버드 비즈니스 리뷰(HBR) 연구에서는 자신의 경력 닻을 인식한 직장인이 그렇지 않은 사람보다 평균 30% 이상 직업 만족도가 높았다. 또 다른 연구에서도 경력 닻이 명확한 사람들이 경력 개발에 대한 주도성이 강한 것으로 조사되었다.

다음은 경력의 닻을 중심으로 한 성공적인 커리어 전환 사례이다.

A씨(45세, 금융업): 20년간 금융권에서 근무하며 안정성과 보안을 최우선으로 삼았으나, 40대 중반 조직 개편으로 불안을 느끼고 금융 전문성을 살린 개인 재무 컨설턴트로 전향하여 만족스러운 경력을 이어 가고 있다.

B씨(38세, 마케팅 전문가): 글로벌 기업에서 창조적 기업가 정신을 살릴 수 없어 스타트업을 창업하여, 자유롭게 혁신을 실현하며 큰 보람을 느끼고 있다.

C씨(50세, 대기업 임원): 임원 승진 후 과중한 업무로 건강이 악화되어 퇴직 후 라이프스타일을 우선시하며 가족 중심의 삶과 컨설팅을 병행하고 있다.

D씨(42세, 비영리단체 활동가): 사회적 가치를 중시했지만 불안정한 환경으로 인해 공공기관으로 이직하여 의미 있는 일을 지속하면서 안정성을 확보했다.

E씨(47세, 엔지니어): 도전을 중시하여 해외 글로벌 프로젝트를 맡아 새로운 기회를 얻고 국제 무대에서 역량을 인정받았다.

퇴직 후 개인 경험 사례

수년 전, 나는 고액 연봉의 임원이었다. 회사가 곧 나라고 생각하며 화려한 생활이 영원할 것으로 믿었다. 그러나 회사의 경영진이 교체되며 임원직을 떠나게 되었고, 회사가 없으면 나의 성과가 별로 의미 없다는 사실을 깨달았다. 퇴직 후 가장 큰 위기는 미래에 대한 불확실성이었으며, 나 자신에 대한 착각을 버리는 데 2년이 걸렸다.

내 경력의 닻은 '도전'이었다. 이는 박사 과정에 도전하게 한 원동력이 되었고, 낮은 자세로 제안을 받아들인 덕에 다양한 기회를 얻었다. 중요한 것은 장기 고용과 직업 안전성보다 지속 가능성을 선택하며 내 닻을 명확히 하는 것이었다. 조직을 떠나도 결국 다른 항구에 정박해야 하며, 거친 바다에서도 튼튼한 닻이 필요하다.

자신의 경력 닻을 이해하면 전략적 결정을 내릴 수 있으며, 변화하는 시대 속에서도 주도적이고 만족스러운 경력 관리를 할 수 있다.

6
돈, 명예, 성취 - 무엇을 남기고 무엇을 버릴 것인가

◆

중년 이후의 경력 관리는 인생의 새로운 국면에서 중요한 선택과 집중을 요구한다. 특히 이 시기에는 돈, 명예, 성취라는 세 가지 요소를 균형 있게 고려하면서 무엇을 유지하고, 무엇을 내려놓을지를 결정해야 한다. 돈은 삶의 안정성을 위한 필수 요소지만, 무조건적인 축적보다는 현재와 미래의 삶에서 필요한 수준을 설정하여 이를 충족하는 활동을 선택하는 것이 중요하다. 지나치게 돈에 집착하면 건강과 인간관계가 희생될 수 있다.

명예는 개인의 자존감과 사회적 지위를 유지하는 데 중요한 요소이지만, 중년 이후에는 과거의 명성을 유지하려는 부담을 내려놓고 자신의 진정한 가치와 전문성을 인정받는 데 초점을 맞추는 것이 바람직하다. 작은 분야에서도 의미 있는 성취를 이루는 것이 더 나은 선택일 수 있다.

성취는 개인의 성장과 만족감을 제공하는 핵심 요소다. 기존 경력을 연장하거나 새로운 분야에 도전함으로써 성취감을 얻을 수 있으며, 현실적이고 단계적인 목표를 설정하고 이를 달성하는 노력이 필요하다. 무리하게 큰 목표를 설정하면 오히려 좌절을 경험할 수 있다.

자기 성찰과 목표 재설정 역시 중요하다. 중년기는 기존 역할의 한계를 깨닫고 새로운 방향을 설정하는 시기다. 자신의 강점과 가치를 분명히 하고, 남은 삶에서 이루고 싶은 목표를 명확히 하는 것이 필수적이다.

중년 이후 경력 관리의 성공 사례

A씨(52세, 대기업): 25년간 높은 직책으로 일했지만 업무 스트레스로 인해 퇴직 후 사회적 기업을 창업해 경험을 활용하며 의미 있는 활동을 하고 있다.

B씨(48세, 금융업): 금융업에서 AI 데이터 분석 분야로 전환, 온라인 강의를 수강하며 스타트업 데이터 분석가로 성공적인 변화를 이루었다.

C씨(55세, 연구원): 가족과의 시간을 확보하기 위해 프리랜서 컨설턴트로 전향, 수입은 줄었으나 개인 삶과 전문성을 동시에 유지하고 있다.

D씨(50세, 교사): 정년퇴임 후 지역 사회 멘토링 프로그램 운영을 통해 젊은 세대에게 경험을 전수하며 큰 보람을 느끼고 있다.

E씨(53세, IT 기업 임원): 은퇴 후 예술 분야로 전환, 소규모 전시회를 통해 새로운 열정을 추구하며 만족스러운 성취를 이루고 있다.

최근 연구에 따르면, 중년 이후 경력 변화를 경험한 사람들의 70% 이상이 새로운 도전에 만족감을 느끼며, 은퇴 후 사회적 활동에 참여한 사람들이 삶의 만족도가 더 높다고 보고하고 있다. 이는 중년의 경력 변화가 삶의 질을 높이는 중요한 요소임을 의미한다.

2015년 회사 퇴직 후 50세의 나이에 박사 학위 과정을 시작했다. 이미 다양한 분야에서 4개의 석사 학위를 취득했지만, 결국 석사 여러 개보다 박사 하나가 더 큰 가치를 지닌다는 사실을 깨달았다. 학습과 자기개발을 우선으로 하며 경제적 이익보다 성장을 중시했다. 미국의 경력개발 컨설팅 회사에서 프리랜서로 일하며 SK그룹 퇴직 임원 대상 프로젝트를 수행하면서 새로운 적성과 방향성을 찾는 과정이 더 의미 있음을 느꼈다.

부동산 투자보다 실용적인 삶의 선택을 하며, 친정어머니의 도움으로 직장과 대학원 생활을 병행할 수 있었다. 젊은 시절 회사에 모든 시간을 바친 것이 후회스럽기도 했지만, 퇴직 후 비로소 삶의 균형과 내적 성숙의 중요성을 알게 되었다.

퇴직 후 한국장학재단의 멘토로 활동하며 인연을 맺은 학생들과의 지속적인 교류는 그 어떤 경제적 보상보다 큰 보람이었다. 동료와 제자들과의 인연을 통해 새로운 기회를 자연스럽게 발견하며, 네트워킹의 힘을 실감하고 있다.

중년 이후 경력 관리는 돈, 명예, 성취 사이에서 균형을 잡으며 삶의 진정한 가치를 탐구하고 내면의 평화를 찾는 과정이다. 지나친 축적과 과거의 명성을 내려놓고 현실적이고 의미 있는 성취를 통해 새로운 삶을 설계하는 것이 중요하다. 개인의 성장과 사회적 기여를 통해 새로운 의미와 만족을 찾는 것이 중년 이후 경력 관리의 핵심이다.

7
경력 자산 vs. 소진되는 자원: 무엇을 활용할 것인가

◆

　중년 이후의 커리어 변화는 많은 사람들에게 필수적인 과제가 되었다. 과거에는 경력의 끝자락까지 기존 직무에서 안정적인 삶을 이어가려는 경향이 강했지만, 현재는 다양한 이유로 커리어 전환을 시도하는 중장년층이 늘고 있다. 이는 경력 자산과 소진되는 자원을 어떻게 활용할 것인지에 대한 고민에서 비롯된다.

　경력 자산은 시간이 지나도 그 가치가 유지되거나 오히려 커질 수 있는 자원을 의미한다. 전문성, 경험, 네트워크, 리더십 등이 이에 해당한다. 반면, 소진되는 자원은 시간이 흐르면서 점점 가치가 줄어들거나 더 이상 유용하지 않게 되는 자원으로, 기술 숙련도, 특정 직책에서의 권한, 체력 등이 포함된다. 중년 이후의 커리어 변화는 이 두 자원의 균형을 맞추는 과정이라 할 수 있다.

경력 자산을 활용하는 방법
　✔ 전문성과 네트워크 강화: 기존의 경력을 활용해 새로운 기회

를 창출하고, 컨설팅이나 강의 등의 기회를 모색한다.
- ✔ 수평적 경력 개발: 수직적 승진보다는 프로젝트 중심의 경력을 개발하여 지속적인 성장을 도모한다.
- ✔ 창업과 새로운 분야로의 전환: 기존 경력을 활용하여 창업하거나 새로운 분야로 전환하는 것도 효과적이다.

소진되는 자원 관리 방법

- ✔ 건강 유지: 중년 이후 체력과 건강의 약화를 관리하기 위해 운동과 균형 잡힌 생활을 유지한다.
- ✔ 재정적 안정: 은퇴 이후를 대비해 재정적 자원을 효율적으로 배분하고 관리한다.

성공 사례

A씨(42세, 대기업): 마케팅 부서에서 15년을 근무한 후 직무에 대한 흥미 저하와 반복되는 업무에 지쳐 커리어 전환을 결심했다. 기존의 마케팅 경력을 활용해 창업 지원 및 경영 컨설팅 분야로 전환하며, 네트워크와 전문성을 적극 활용해 새로운 경력을 성공적으로 시작했다.

B씨(48세, 대기업 중간관리자): 체력 저하와 스트레스로 현직 지속이 어려워지자 프리랜서로 전환했다. 리더십 경험과 네트워크

를 활용해 맞춤형 리더십 교육 및 컨설팅을 제공하며 새로운 삶을 구축하고 있다.

C씨(46세, 교육전문가): 빠르게 변화하는 교육 산업에 대응하기 위해 IT 분야로 전환했다. 교육과 커뮤니케이션 역량을 기반으로 온라인 교육 플랫폼을 운영하며 신기술과 기존 경험을 결합해 차별화된 가치를 창출하고 있다.

D씨(50세, 금융전문가): 반복적이고 창의성이 결여된 업무에서 벗어나기 위해 창업을 결심, 기존의 금융 경력을 바탕으로 소규모 기업 대상의 컨설팅을 통해 새로운 경력을 설계하고 있다.

E씨(52세, IT임원): 퇴직 후 막막함을 겪었지만, 경력 자산을 활용해 컨설팅 사업을 시작했다. 기존 네트워크를 통해 안정적인 수익 기반을 마련하며 커리어를 재정립했다.

최근 연구에 따르면, 중년 이후의 경력 관리는 경제적 요소뿐만 아니라 심리적, 사회적 요인을 함께 고려해야 한다. 하버드대학교의 연구에서는 경력 만족도가 높은 사람이 경제적 안정은 물론 사회적 관계와 자기개발을 지속하는 경향이 있다고 밝혔다. 한국고용정보원 또한 중장년층의 경력 전환 성공에는 지속적인 학습과 유연한 사고가 필수적이라고 분석했다.

샤넬을 나와 박사 과정을 시작했을 때, 나는 수익을 다양한 방식으로 보완하고자 노력했다. 기업 특강, 대학 강의, 컨설팅 등 가능한 모든 기회를 활용했다. 50대 초반 퇴직을 전혀 예상하지 못했던 터라 재정 준비가 부족했다. 고소득자였던 나는 자녀 교육비, 친정 어머니의 육아비, 가족 여행 비용 등으로 인해 지출이 많았다. 퇴직 후 대출 상환 압박은 현실이 되었고, 퇴직금은 신용대출 상환에 쓰여야 했다.

박사 논문만을 남긴 시점에 프랑스 위스키 회사 인사 임원으로 입사했지만, 조직 문화와 노사 관계에서 큰 스트레스를 느꼈고, 6개월 만에 퇴사하게 되었다. 이 경험을 통해 내 경력 자산과 소진되는 자원을 명확히 구분하게 되었고, 기업에 돌아가기보다는 논문을 마무리하며 박사 학위를 취득했다.

활용 가능한 새로운 경력 경로

- ✔ 컨설팅 & 코칭: 기업 대상 컨설팅, 경력 전환 코칭, 리더십 멘토링
- ✔ 강의 & 저술: 대학 강의, 온라인 강의, 책 집필, 칼럼 연재
- ✔ 창업 & 프리랜서: 1인 기업, 유튜브, 팟캐스트, 블로그 기반 수익 모델
- ✔ 사회적 기여: 비영리 기관 활동, 멘토링, 지역 사회 프로젝트

결론적으로, 중년 이후의 경력 관리는 경력 자산을 최대한 활용하면서도 소진되는 자원을 효율적으로 관리하는 균형 잡힌 접근이 필요하다. 경력을 새롭게 활용할 기회를 찾고, 지속적인 학습과 변화에 적응하는 능력을 키우는 것이 이 시기의 중요한 과제가 된다. 경력 관리의 핵심은 자기 인식, 현실 수용, 유연한 전략 수립에 있다.

8
나의 강점은 무엇인가? 핵심 역량을 점검하자

◆

중년 이후의 경력 관리는 단순히 생계를 유지하는 것을 넘어, 인생의 의미를 새롭게 설계하는 과정이다. 이 시기의 핵심은 무조건적인 도전보다는 자신이 축적해 온 강점을 재정립하고, 이를 어떻게 활용할 것인지 전략적으로 고민하는 데 있다. 출발점은 바로 나의 강점과 핵심역량을 객관적으로 점검하는 것이다.

핵심역량(Core Competency)은 단순한 업무 능력을 넘어, 오랜 시간 축적된 전문성과 문제 해결 능력, 커뮤니케이션 능력, 네트워크, 리더십을 포괄한다. 과거의 경력에서 자랑스러웠던 성과를 되짚으며, 내가 가장 잘할 수 있는 일과 해결할 수 있는 문제를 명확히 정의해야 한다. 내가 맡아 온 업무 스타일과 성과를 통해, 타인과 차별화되는 나만의 강점을 발견하는 것이 중요하다.

자신의 강점을 찾는 방법은 다양하다. 가장 먼저 자신의 경험을 정리하고, 대표적인 성과를 한 문장 또는 키워드로 요약해 보는 것이 유용하다. 과거에 동료나 상사, 고객이 반복적으로 나에게 요청한 업무를 떠올리는 것도 강점을 파악하는 실마리가 될 수 있다. 나아가, 내가 해결해 온 문제들이 무엇인지 분석하고, 앞으로 10년 후에도 유효할 역량이 무엇인지를 고민해야 한다.

강점을 객관적으로 파악하는 방법

- ✔ 주변 피드백 수렴: 동료, 후배, 고객에게 나의 강점에 대해 물어본다.
- ✔ 강점 진단 도구 활용: Gallup StrengthsFinder, MBTI, DISC 등을 통해 체계적 피드백을 받는다.

중년 이후 강점 기반 경력 전환 사례

A씨(45세, 마케팅전문가): 20년간 다양한 브랜드 마케팅을 성공시켰던 A씨는 자신의 진짜 강점이 전략 기획과 커뮤니케이션 능력임을 인식하고, 기업 대상 마케팅 컨설팅으로 전환했다.

B씨(50세, 금융업): 금융 지식에 더해 기업 자문 능력을 자각한 B씨는 재무 컨설팅 사업을 시작하며, 자신의 전문성을 다양한 형태로 확장해 나가고 있다.

C씨(47세, IT전문가): 기술 역량과 더불어 리더십이 뛰어났던 C씨는 IT 프로젝트 관리자로 전환, 팀을 이끄는 리더십과 기술을 접목한 새로운 역할을 구축했다.

D씨(52세, 인사전문가): 오랜 HR 경험을 살려 중소기업 대상 컨설팅 및 강의를 통해 경력을 확장하고 있으며, 조직 관리와 인재 개발 전문성을 기반으로 커리어를 새롭게 이어 가고 있다.

E씨(49세, 중견기업): 마케팅 경험을 디지털 환경에 접목하여 소셜 미디어 마케팅 회사를 창업, 전통 마케팅을 새로운 채널로 전환한 성공 사례를 만들어 냈다.

또 다른 사례로, 고려대학교 노동대학원 동기 중 한 명은 15년간 국회의원 보좌관으로 일한 후, 대기업 대외 협력 담당자로 이직했다. 그의 강점은 문제 해결력과 정무 감각이었고, 네트워크를 활용해 회사의 대외 활동을 성공적으로 수행하고 있다.

나 역시 외국계 기업에서 28년간, 그중 16년은 임원으로 근무하며 다양한 인사 프로젝트를 성공시켜 왔다. 박사 학위 취득 후 숙명여대로 이직한 뒤에는 기획력과 실행력을 인정받아, 에르메스(Hermes)와의 단독 채용 설명회를 기획하는 등 굵직한 프로젝트를 성사시켰다. 이는 내가 가진 기획 역량과 실행력을 기반으로 한 성과였다.

이처럼 중년 이후의 커리어 변화는 나이를 먹어서가 아니라, 나의 경험과 역량을 기반으로 새로운 기회를 모색하는 의미 있는 과정이다. 중요한 것은 내가 진정으로 원하는 방향과 가치에 부합하는 일을 찾는 것이다.

지속 가능한 커리어 설계를 위한 전략

- ✔ 나만의 강점 정리: 과거의 경험을 기반으로 핵심 강점을 명확히 정의한다.
- ✔ 자기개발 지속: 기술 트렌드에 맞춰 디지털 역량(온라인 마케팅, 데이터 분석, AI 등)을 학습한다.
- ✔ 경력 확장: 기존 역량을 다른 분야로 확장하고, 강점을 접목할 수 있는 새 분야를 탐색한다.
- ✔ 네트워크 활용: 경력 전환에 유리한 커뮤니티나 멘토링 그룹에 참여한다.
- ✔ 사회적 기여 고려: 강점을 살려 비영리 활동이나 지역 사회 프로젝트에 참여한다.

최근 연구에 따르면, 중년 이후 커리어 전환을 성공적으로 이끈 사람들은 지속적인 학습과 자기개발을 이어 간 것으로 나타났다. 특히 디지털 기술에 대한 학습이 새로운 기회를 창출하는 주요 요인이었고, 기존 경력을 새로운 분야에 접목하거나 네트워크를 적극 활용한 사례도 많았다.

결론적으로, 중년 이후의 경력 관리는 그동안 축적해 온 경험을 재해석하고, 자신의 강점을 기반으로 새로운 가능성을 설계하는 과정이다. 강점과 핵심역량을 점검하고 이를 확장 가능한 방향으로 연결시키며, 네트워크와 학습을 통해 지속적으로 성장할 수 있는 기회를 만들어야 한다. 또한 디지털 환경에 기반한 창업, 프리랜서 활동, 사회적 기여 등을 전략적으로 고려하는 것이 성공적인 경력 전환을 위한 중요한 열쇠가 될 수 있다.

PART 2

중년 이후에도 경쟁력을 유지하는 방법

1
지속 가능한 경쟁력의 조건

✦

　중년 이후의 경력 관리는 단순히 생계를 유지하는 것을 넘어, 지속 가능한 경쟁력을 유지하고 삶의 의미를 재정립하는 과정이다. 이 시기에는 자신이 축적해 온 경력자산을 효과적으로 활용하고, 변화에 맞춰 이를 발전시킬 수 있는 전략이 필요하다. 경쟁력의 핵심은 단순히 직위나 과거의 성과에 있는 것이 아니라, 자신이 경험한 모든 배움과 성장을 통해 형성된 기술과 역량, 그리고 이를 기반으로 한 내적 성장에 있다.

　나의 경력자산은 내가 몸담았던 조직과 직무의 기록을 넘어, 그 속에서 얻은 전문지식, 문제 해결 능력, 커뮤니케이션 역량, 그리고 배움의 태도와 내면의 성숙까지 포함된다. 이를 제대로 활용하기 위해서는 먼저 자기이해가 선행되어야 하며, MBTI, 스트렝스파인더(Strength Finder), DISC 등과 같은 성격 및 역량 진단 도구를 활용하면 자신이 어떤 성향과 강점을 가지고 있는지를 보다 객관적으로 파악할 수 있다.

경력자산을 활용하는 첫 번째 방법은 '경험의 가치'를 재해석하는 것이다. 성공과 실패를 불문하고 모든 경험은 배움이자 자산이 될 수 있다. 이를 'Lesson Learned' 방식으로 정리하면, 자신만의 경험 데이터베이스를 구축할 수 있고, 이는 새로운 기회에 응용 가능한 경쟁력으로 작용한다.

두 번째는 경력 개발 계획 수립이다. 자신의 현재 직무와 환경을 분석하고, 장기적인 경력 목표를 설정하여 이를 달성하기 위한 실행 전략을 수립해야 한다. 명확한 목표 없이 반복되는 업무만을 지속한다면 경쟁력 유지가 어려워진다.

세 번째는 경력 증명과 관리다. 고용보험 이력, 근로소득원천징수영수증 등 공인된 서류를 통해 경력을 체계적으로 정리해야 하며, 폐업한 회사에서의 경력도 적절한 방식으로 증명할 수 있는 방법을 사전에 확보해야 한다.

중년 이후의 경력자산 활용 사례

A씨(52세, 마케팅 전문가): 브랜드 및 소비자 분석에서 시작해 디지털 마케팅 전략을 주도하며 변화에 적응했다. 디지털 기술 교육을 통해 역량을 강화하고 회사의 디지털 전환을 이끌며 경쟁력을 지속했다.

B씨(45세, IT 개발자): 오픈소스 프로젝트와 기술 커뮤니티를 통

해 지속적인 기술 학습과 네트워크를 구축했다. 현재는 IT 교육자로도 활동하며 경력을 확장하고 있다.

C씨(47세, 회계사): 기존 회계 업무의 한계를 인식하고 MBA 과정을 통해 비즈니스 전략과 리스크 관리 역량을 강화, 회계사에서 전략 전문가로 변신했다.

D씨(55세, 교육학 교수): 전통 교육에서 온라인 교육 플랫폼으로 전환하며 교육 기술을 접목, 새로운 학습 방식을 도입하고 경쟁력을 유지하고 있다.

E씨(49세, 엔지니어): 기술적 전문성 외에 리더십과 프로젝트 관리(PMP) 자격을 확보, 기술과 리더십을 결합한 대형 프로젝트 리더로 성장했다.

경력자산을 높이기 위한 방법

- ✔ 현재 업무의 효과성 극대화: 자신의 역할이 조직에 기여하는 바를 명확히 인식하고, 최적화된 방법을 개발한다.
- ✔ 퍼스널 브랜딩 구축: 강점과 전문성을 기반으로 자신만의 브랜드를 형성하고 지속적으로 이력서를 업데이트한다.
- ✔ 미래 성장 지향: 현재의 업무를 장기적 커리어 성장과 연결시키고, 새로운 도전을 적극 수용한다.
- ✔ 네트워크 강화: 피드백을 수렴하고 다양한 관계를 통해 협업

및 기회를 확장한다.

나의 경험도 이러한 교훈을 담고 있다. 만 51세, 사장 교체와 함께 임원 퇴직이 순차적으로 진행되었고, 나는 가장 먼저 회사를 떠나게 되었다. 이후 박사 과정을 시작했지만, 경제적으로 어려운 시기를 겪었다. 기존 수입과의 격차는 컸고, 생계 유지를 위해 프랑스계 주류 회사에 입사했지만, 조직문화와 업무 환경의 부적합으로 6개월 만에 퇴사했다. 이는 장기적인 목표보다는 단기적인 필요에 의한 결정이었고, 내 경력에 큰 오점으로 남았다.

경력 관리에서 주의해야 할 실수

- ✔ 단기 성과 집착: 장기적 목표 없이 단기적인 성과만 추구하면 방향성을 잃는다.
- ✔ 목표 전략 부재: 명확한 계획 없이 경력을 쌓으면 비효율과 반복을 초래한다.
- ✔ 피드백 부족: 타인의 평가를 무시하거나 피드백을 받지 않으면 개선 기회를 놓친다.
- ✔ 네트워크 소홀: 관계 관리를 등한시하면 중요한 정보와 기회를 놓칠 수 있다.
- ✔ 학습 부족: 기술 변화에 대응하기 위해 지속적인 학습은 필수

이다.

경력 관리를 위한 최대의 도전은 변화에 대한 두려움이다. 새로운 길이 두렵다면, 그 원인을 분석하고 실행 계획을 단계별로 설정하는 것이 중요하다. 필요한 정보를 사전에 조사하고, 부정적인 인식을 재구성하여 긍정적인 시각으로 전환해야 한다. 또한, 신뢰할 수 있는 멘토나 지인의 조언을 구하고, 감정을 나누는 것이 정신적 회복에 도움이 된다. 마음챙김과 같은 심리적 기법을 통해 현재에 집중하고 불안을 줄이는 것도 효과적이다.

지속 가능한 경쟁력은 직장의 지위나 외부 평가에 있지 않다. 내면의 성장, 자기 이해, 꾸준한 학습과 관계 확장이야말로 중년 이후의 진정한 경쟁력이다. 경력자산을 관리하고 발전시키기 위해서는 경험의 가치를 재정의하고, 실행 가능한 경력 계획을 수립하며, 이를 체계적으로 증명 관리하는 노력이 필요하다. 이러한 과정을 통해 우리는 더욱 유연하고 강한 커리어를 설계할 수 있다.

2
변화하는 시대, 필요 역량도 변한다

◆

세상은 끊임없이 변화하고 있으며, 그 변화에 발맞춰 요구되는 역량 또한 달라지고 있다. 과거에 중요했던 역량이 더 이상 유효하지 않거나, 새로운 역량이 요구되는 시대가 도래했다. 중년 이후에도 성공적인 경력을 이어 가기 위해서는 변화하는 환경에 맞는 전략과 역량 개발이 필수적이다. 이번 글에서는 변화 속에서 사라지는 역량과 새롭게 요구되는 역량, 그리고 제2의 경력을 준비하는 전략에 대해 다룬다.

변화하는 환경 속에서 사라지는 역량

첫째, 단순 기술 숙련도는 이제 경쟁력이 되기 어렵다. 과거에는 특정 소프트웨어나 시스템에 대한 깊은 숙련도가 중요했지만, AI와 자동화 기술의 발전으로 많은 작업이 자동화되었다. 기술 그 자체보다 이를 융합적으로 활용하고 응용할 수 있는 역량이 더 중요해졌다.

둘째, 고정된 직무 전문성도 점차 그 중요성이 약화되고 있다. 단일한 직무를 깊이 있게 파고드는 전략은 급변하는 시대에서는 오히려 리스크가 된다. 다양한 직무를 경험하며 유연한 사고와 전환 능력을 갖추는 것이 더욱 중요해졌다.

셋째, 전통적인 위계 중심의 리더십은 조직 내에서 점차 설 자리를 잃고 있다. 명령과 통제 중심의 권위적 리더십보다는, 팀워크와 협업을 중시하는 유연한 리더십이 요구되는 시대다.

새로운 시대에 요구되는 핵심 역량

첫째, 적응력과 유연성은 핵심 역량으로 떠오르고 있다. 급변하는 환경에 능동적으로 대응하고, 새로운 기술과 문화를 빠르게 수용할 수 있는 태도가 필요하다.

둘째, 창의적 문제 해결력은 필수적이다. 기존의 방식을 고수하는 것이 아니라, 새로운 해결책을 창출해 내는 능력이 직무 전반에 걸쳐 요구된다.

A씨(45세, 대기업): 대기업 인사 담당 임원으로 근무했던 그는, AI와 빅데이터의 중요성을 인식하고 이를 인사 전략에 접목했다. 창의적인 인사 모델을 제안하며 회사의 디지털 전환을 이끌었다.

셋째, 디지털 리터러시(Digital Literacy)는 모든 직무에서 기본 역량으로 자리 잡고 있다. AI, 데이터 분석, 디지털 툴에 대한 이해와 활용 능력은 새로운 경쟁력의 기준이다.

넷째, 협업 및 네트워크 역량은 조직 내외부에서의 영향력을 결정짓는다. 융합적 사고와 다양한 분야 간 연결 능력이 필요하다.

다섯째, 평생 학습 태도는 변하지 않는 기본 역량이다. 지속적으로 배우고 성장하려는 자세는 변화에 적응하는 가장 강력한 방법이다.

나의 역량은 변화에 적합한가? 제2의 인생을 준비함에 있어 가장 중요한 질문은 다음과 같다:

- ✔ 내 경험과 역량은 현재도 유효한가?
- ✔ 새롭게 배워야 할 역량은 무엇인가?
- ✔ 무엇을 버리고 무엇을 강화해야 하는가?

B씨(50세, 공무원): 은퇴 후에도 사회적 기여를 희망했으나, 과거의 직무 방식만을 고집해 변화에 적응하지 못하고 기회를 잃었다.

제2의 직업, 어떻게 준비할 것인가? 100세 시대에는 한 번의 직업으로 평생을 살아가기 어렵다. 제2의 직업은 선택이 아닌 필수다.

C씨(47세, 대기업): 대기업에서 은퇴 후, 평생 학습을 실천하며 새로운 분야에서 제2의 커리어를 성공적으로 설계했다.

첫째, 자신의 강점과 자산을 분석해야 한다. 쌓아 온 전문성과 네트워크를 파악하고, 이를 어떤 방식으로 전환할 수 있을지 전략을 세워야 한다.

둘째, 시대 흐름을 읽고 필요한 기술을 습득해야 한다. 디지털 기술, AI, 데이터 분석 등 빠르게 진화하는 영역에서 학습을 통해 경쟁력을 확보할 수 있다.

D씨(52세, 중견기업 관리자): 꾸준한 기술 학습을 통해 새로운 직무에 적응했으며, 전환 과정에서도 성과를 만들어 냈다.

셋째, 네트워킹을 강화해야 한다. 기존 인맥과 업계 커뮤니티, 다양한 협업 네트워크를 통해 새로운 기회를 찾아야 한다.

중년 이후 경력 전환 전략 중년 이후의 전환에서 가장 중요한 것은 긍정적 마인드 유지와 경력 공백의 적극적 활용이다.

E씨(55세, 대기업): 경력 공백 기간 동안 자격증을 취득하고 다양한 산업 지식을 습득한 후, 새로운 직무에 성공적으로 재취업했다.

28년간 외국계 기업 인사 직무를 수행한 나는, 계획 없는 퇴직 후 보유한 네 개의 석사 학위만으로는 경쟁력이 부족하다고 느꼈다. 가장 잘한 선택은 박사과정 시작이었다. 많은 인사 임원들이 회사를 떠난 후 코칭이나 프리랜서 컨설팅을 선택하는 반면, 나는 박사학위 취득 후 특임교수로 전환하여 새로운 커리어를 열었다.

학교에서는 '영업 교수'로 불릴 만큼 능동적으로 기업을 찾아다녔다. 과거에는 조직의 자원을 활용했다면, 지금은 조교 한 명과 함께 전반적인 프로그램 기획과 실행을 도맡고 있다. 이 과정에서 기획력, 대외 협업력, 실행력, 진정한 소통 역량 등 새로운 역량을 개발하고 있다.

결국, 중년 이후 경력 관리는 과거의 방식에서 벗어나 변화에 유연하게 대응하고, 새로운 역량을 지속적으로 개발하는 것이다. 디지털 기술 습득, 창의적 문제 해결력, 네트워킹 강화, 평생 학습 등의 역량은 중년 이후 경력을 더욱 풍부하게 만들어 줄 필수 요소다. 변화에 적응하고 이를 기회로 삼는 자세가 제2의 커리어 성공을 결정짓는다.

3
평생학습의 중요성 - 배움을 멈추지 말라(四碩一博)

◆

세상은 끊임없이 변화하고 있으며, 그 변화에 발맞춰 요구되는 역량 또한 계속 달라지고 있다. 과거에 중요했던 역량이 더 이상 유효하지 않거나, 새로운 역량이 요구되는 시대가 도래했다. 중년 이후에도 성공적인 경력을 이어 가기 위해서는 변화하는 환경에 맞는 전략과 역량 개발이 필수적이다. 본 글에서는 변화 속에서 사라지는 역량과 새롭게 요구되는 역량, 그리고 제2의 경력을 준비하는 전략에 대해 다룬다.

변화하는 환경 속에서 사라지는 역량

첫째, 단순한 기술 숙련도는 더 이상 핵심 경쟁력이 아니다. 과거에는 특정 소프트웨어나 시스템에 대한 숙련도가 중요했지만, AI와 자동화 기술의 발전으로 많은 작업이 기계로 대체되고 있다. 이제는 단순 기술보다 이를 융합적으로 이해하고 응용하는 능력이 더욱 중요해졌다.

둘째, 고정된 직무 전문성 또한 그 가치가 줄어들고 있다. 한 가지 역할만 깊이 있게 수행하던 시대는 지나가고, 다양한 업무를 경험하며 유연한 사고와 전환 능력을 갖춘 사람이 요구되는 시대가 되었다.

셋째, 권위적인 위계 중심 리더십은 점차 설 자리를 잃고 있다. 명령 중심의 리더십보다는 협업, 팀워크, 공감과 소통에 기반한 유연한 리더십이 더 큰 성과를 이끌어 내는 시대다.

새로운 시대에 요구되는 핵심 역량

첫째, 적응력과 유연성은 이제 필수 역량이다. 끊임없이 변화하는 시장과 기술 환경에 능동적으로 대응하고, 새로운 트렌드에 열린 자세로 수용하는 능력이 중요하다.

둘째, 창의적인 문제 해결력은 업무 전반에서 요구된다. 기존의 방식에 얽매이기보다, 새로운 해법을 제시하고 실행할 수 있는 능력이 성과의 기준이 되고 있다.

A씨(45세, 대기업): 그는 대기업에서 인사 담당 임원으로 근무하며 AI와 빅데이터의 중요성을 인식했다. 이를 인사 전략에 적용하여 창의적인 모델을 제안했고, 회사의 디지털 전환을 주도했다.

셋째, 디지털 리터러시는 모든 직무의 기본 소양이 되었다. AI, 데이터 분석, 디지털 커뮤니케이션 툴에 대한 이해와 활용 능력은 전 산업에서 요구되고 있다.

넷째, 협업 및 네트워크 구축 역량은 조직 내외부에서 영향력을 발휘하는 핵심 자산이다. 다양한 분야, 세대와 소통하며 시너지를 만들어 내는 역량이 중요하다.

다섯째, 평생학습 태도는 중단 없는 자기 성장의 원동력이다. 꾸준한 학습을 통해 새로운 분야에 도전하고, 시장에서의 경쟁력을 유지할 수 있다.

제2의 인생을 준비하는 데 있어 스스로에게 다음과 같은 질문을 던져야 한다:
- ✔ 나의 역량은 변화에 적합한가?
- ✔ 내 경험과 역량은 현재도 유효한가?
- ✔ 새롭게 배워야 할 역량은 무엇인가?
- ✔ 무엇을 버리고 무엇을 강화해야 하는가?

B씨(50세, 공무원): 그는 은퇴 후 사회에 기여하고자 했으나, 과거 방식만을 고수한 탓에 변화에 적응하지 못하고 많은 기회를 놓쳤다.

제2의 직업, 어떻게 준비할 것인가? 100세 시대에 한 번의 직업으로 평생을 살아가기는 어렵다. 제2의 직업은 선택이 아닌 생존 전략이다.

C씨(47세, 대기업): 그는 대기업에서의 오랜 경력을 마치고 은퇴했지만, 평생학습과 네트워킹을 통해 새로운 분야에서 성공적인 커리어를 다시 설계했다.

첫째, 자신의 강점과 경력 자산을 객관적으로 분석해야 한다. 오랜 기간 쌓아 온 전문성, 평판, 네트워크를 기반으로 어떻게 새로운 기회를 만들 수 있을지 전략적으로 접근해야 한다.
둘째, 시대 흐름에 맞는 기술과 지식을 빠르게 익혀야 한다. AI, 데이터 분석, 디지털 마케팅 등은 이미 필수 역량이 되었다.

D씨(52세, 중견기업 관리자): 그는 기술 학습을 게을리하지 않았고, 변화하는 직무에도 빠르게 적응하며 전환에 성공했다.

셋째, 네트워킹의 중요성을 인식하고 이를 적극적으로 활용해야 한다. 기존 인맥뿐만 아니라 새로운 커뮤니티, 업계 모임 등을 통해 기회를 확대할 수 있다.

중년 이후 경력 전환 전략

 중년 이후 경력 전환의 핵심은 긍정적인 마인드와 공백기를 성장의 기회로 활용하는 것이다.

 E씨(55세, 대기업): 그는 경력 공백 기간 동안 자격증을 취득하고 산업 트렌드에 대한 지식을 쌓아, 새로운 분야로 성공적인 이직을 이뤄 냈다.

 결국, 중년 이후의 경력 관리는 변화에 유연하게 대응하고, 자신에게 필요한 역량을 지속적으로 개발하는 데에 달려 있다. 디지털 기술 역량, 창의적 문제 해결력, 협업 능력, 평생학습 태도는 중년 이후 경력을 더욱 의미 있게 만들어 줄 중요한 자산이다. 변화는 위기가 아니라, 제대로 준비하는 사람에게는 새로운 기회가 된다.

4
전문성을 넘어 다재다능한 인재가 되어라

✦

중년 이후에도 경쟁력을 유지하려면 기존의 전문성에 안주하지 않고, 다재다능한 역량을 갖춘 인재로 거듭나야 한다. 빠르게 변화하는 시대에는 하나의 전문성만으로는 생존이 어렵다. 다양한 기술과 능력을 보유한 사람이 더 많은 기회를 얻고, 더 오래 경력을 지속할 수 있다.

A씨(52세, IT 기업 개발자): 20년간 소프트웨어 개발자로 근무했지만, 신기술의 빠른 등장으로 기존 역량의 경쟁력이 약화되었다. 이에 그는 데이터 분석과 인공지능 기술을 새롭게 학습하고, 변화에 유연하게 대응하며 경력의 전환점을 마련했다.

B씨(48세, 금융업 종사자): 재무 분석 업무를 오래 담당했지만, 디지털 금융의 부상으로 기존 방식이 한계를 드러냈다. 그는 프로그래밍과 데이터 시각화 역량을 강화해 핀테크 관련 프로젝트를 수행하고, 새로운 업무 기회를 창출했다.

C씨(55세, 제조업 관리자): 생산 현장에서 오랫동안 근무했으나, 자동화 및 스마트 공장 도입으로 기존 역할이 축소되었다. 그는 프로젝트 관리와 국제 비즈니스 역량을 개발하여 해외 법인과의 협업을 통해 새로운 가치를 창출하고 있다.

D씨(50세, 교육 업종 강사): 15년간 대학 강의 경험이 있었지만, 온라인 교육 확산으로 전통적인 강의 방식만으로는 경쟁력을 유지하기 어려웠다. 그는 콘텐츠 기획과 영상 제작을 익혀 온라인 강의를 시작하고, 더 많은 학생들에게 교육 기회를 제공하고 있다.

E씨(49세, 마케팅 전문가): 브랜드 마케팅 업무를 수행했으나, 디지털 마케팅 환경 변화로 기존 전략에 한계를 느꼈다. 그는 빅데이터 분석과 퍼포먼스 마케팅을 학습하여 더욱 효과적인 캠페인을 운영하고 있다.

최근 연구에 따르면, 다재다능한 인재는 단일 전문성을 지닌 사람보다 더 높은 경제적 가치를 창출한다. 하버드 비즈니스 리뷰는 'T자형 인재'의 중요성을 강조하며, 깊이 있는 전문성과 폭넓은 역량을 함께 갖춘 사람이 높은 성과를 낸다고 분석했다. 세계경제포럼(WEF) 또한 2025년까지 가장 중요한 역량 중 하나로 창의성과 문제 해결 능력을 꼽고 있다.

이러한 인재들은 다음과 같은 공통된 특징을 가진다.

- ✔ 강한 학습 능력: 지속적으로 배우고 새로운 환경에 빠르게 적응한다.
- ✔ 문제 해결력: 다양한 경험을 바탕으로 복잡한 문제를 유연하게 해결한다.
- ✔ 뛰어난 협업 능력: 다양한 분야와 원활히 소통하며 공동의 목표를 이끈다.
- ✔ 기술 친화성: 새로운 도구와 디지털 시스템을 빠르게 습득한다.
- ✔ 창의적 사고: 다양한 지식의 융합을 통해 혁신적인 아이디어를 도출한다.

이러한 역량은 리더십에도 긍정적인 영향을 미친다. 다재다능한 인재는 다음과 같은 리더십 유형을 발휘한다.

첫째, '적응형 리더십': 변화에 유연하게 대응하며 조직을 효과적으로 이끈다. 둘째, '서번트 리더십': 구성원의 의견을 수렴하고 협업을 통해 공동 목표를 달성한다. 셋째, '혁신적 리더십': 창의적 문제 해결로 조직의 혁신 역량을 강화한다. 넷째, '디지털 리더십': 디지털 환경에서 조직의 전환을 주도한다. 다섯째, '성장형 리더십': 지속적인 학습을 통해 조직의 발전을 촉진한다.

조직에서는 다재다능한 인재를 선호한다. 특히, 임원 승진이나 주요 직책 선발에서 단일 전문성보다 다양한 역량을 갖춘 인재가 더 높은 평가를 받는다. 예를 들어, 샤넬에서 임원 선발 시 직무 전문성 외에도 전략적 사고, 성과, 영향력, 관계 관리 등을 종합적으로 평가하여 최종 결정을 내린다.

이러한 인재들은 퇴사 이후에도 구축된 네트워크를 바탕으로 경력 관리에 성공하는 경우가 많다. 이는 단순한 직무 역량을 넘어선 다층적인 경쟁력을 보여 준다.

그렇다면 중년 이후 다재다능한 인재가 되기 위한 전략은 무엇일까?

첫째, 지속적 학습: 온라인 플랫폼을 활용하여 다양한 분야를 습득한다. 둘째, 다양한 경험: 새로운 직무나 프로젝트에 도전하여 시야를 확장한다. 셋째, 네트워크 확장: 산업 간 교류를 통해 더 많은 기회를 모색한다. 넷째, 디지털 기술 역량 강화: AI, 데이터 분석, 프로그래밍 등 기술 학습을 통해 새로운 기회를 창출한다. 다섯째, 창의적 사고 강화: 문제 해결력과 혁신 역량을 바탕으로 가치를 높인다.

결론적으로, 중년 이후의 경쟁력은 과거의 성과에 머무는 것이 아니라, 끊임없는 학습과 도전을 통해 새로운 가능성을 여는 데 있다. 다양한 역량을 개발하고 이를 적극적으로 실천에 옮기는 다재다능한 인재야말로 변화하는 시대에 가장 필요한 존재다.

5
무경계의 경력 - 이화여대와 숙명여대교수가 되다

✦

 중년 이후의 경쟁력을 유지하는 데 있어 중요한 개념 중 하나는 바로 '무경계의 경력'이다. 이는 개인이 과거의 경력에 안주하지 않고, 새로운 분야에 도전하며 학습을 통해 다재다능한 인재로 성장하는 과정을 의미한다. 과거에는 한 직장에서의 오랜 경력만으로 평가받는 경우가 많았지만, 오늘날에는 다양한 역량을 겸비한 사람이 더 높은 가치를 인정받는다. 이는 기술 혁신과 경제 환경의 변화, 사회적 요구의 다변화에 따른 결과다.

 '무경계의 경력(Boundaryless Career)' 개념은 1990년대 초 4차 산업혁명과 관련된 연구들 속에서 주목받기 시작했다. 이는 단일 조직이나 직무에 국한되지 않고, 다각적인 기술 습득과 경험을 통해 개인의 역량을 확장하는 접근이다. 산업 및 기술의 변화 속도가 과거보다 훨씬 빨라졌으며, 기업들은 기존 인력의 재교육과 직무 전환을 통해 '다재다능한 인재'를 확보하려는 경향을 강화하고 있다.

A씨(47세, IT 중간관리자)는 20년간 IT 관련 프로젝트를 수행했으나, 회사의 기술 투자 축소로 인해 직무 변화가 불가피해졌다. 그는 데이터 분석과 AI 교육을 수료하며 새로운 분야에서 경력을 쌓기 시작했고, 현재는 데이터 분석 자문 역할을 수행하고 있다. 기존 경력에 얽매이지 않고 전환에 성공한 사례다.

B씨(50세, 패션 디자이너)는 25년 경력을 기반으로 의류 브랜드를 창업했지만, 온라인 마케팅과 디지털 역량 부족으로 어려움을 겪었다. 이후 그는 온라인 교육을 통해 디지털 마케팅을 익히고, 전문가들과 협업하며 시장에 적응해 성공적인 창업으로 이어 갔다.

C씨(49세, 전직 변호사)는 법조계 경력 20년 후 학문적 관심을 따라 대학원에 진학했다. 그는 법학과 사회학을 융합한 연구를 통해 학문적 성과를 쌓았고, 현재는 이화여대 교수로 활동 중이다. 전공과 무관한 분야로 전환하여 성공한 사례다.

D씨(53세, 마케팅 전문가)는 디지털 마케팅 도입에 따라 교육을 받고, 고객 데이터 분석 및 맞춤형 전략 수립 역할을 맡았다. 그는 전통 마케팅에 디지털 역량을 더해 광고 산업 내 입지를 확장했다.

E씨(60세, 전직 외교관)는 외교관 경력을 마친 후 MBA 과정을 이수하고, 국제 비즈니스 분야로 전환했다. 다양한 국가 네트워크를 활용해 글로벌 기업의 전략 컨설턴트로 활동 중이다.

최근 연구에 따르면 중년 이후의 경력 전환은 직업 만족도와 경제적 안정성 향상에 긍정적인 영향을 준다. 2023년 연구에서는 새로운 기술 습득을 통해 경력 만족도가 높아졌다는 결과가 도출되었고, 2024년 보고서에서는 멀티 스킬 보유 인재의 시장 경쟁력이 더욱 강조되었다.

중년 이후 다재다능한 인재가 되기 위한 방법은 다음과 같다:
- ✔ 지속적인 학습: 변화하는 기술과 시장에 대응하기 위해 끊임없는 배움이 필요하다.
- ✔ 네트워크 확장: 다양한 분야의 전문가와의 교류를 통해 협업 기회를 넓힌다.
- ✔ 유연성과 적응력: 환경 변화에 빠르게 대응하며 새로운 기회를 탐색한다.
- ✔ 자기 투자: 두려움을 내려놓고, 목표 설정과 실행을 통해 스스로를 성장시킨다.

나는 28년간 다국적 기업에서 근무한 후, 무계획 퇴직을 경험하며 '무경계 경력'의 여정을 시작했다. 2015년 샤넬을 그만둔 직후 서울대 경영대학에서 외국인 학생 대상 특강 제안을 받았고, 처음 도전한 영어 3시간 강의를 무사히 마쳤다. 이 경험은 주요 대학 특강으로 이어졌고, 경력 컨설팅 전문성을 키우는 계기가 되었다.

그 후 Right Management의 부사장과의 인연으로 컨설팅 업무에 참여하게 되었고, 외국계 은행 퇴직자 및 SK그룹 임원 대상 경력 컨설팅을 수행했다. SK에 파견되어 전략적 사고와 조직 문화를 배우는 값진 기회를 가졌고, 이후 이화여대에서 인사 직무 강의와 특임 교수 제안을 받았다. 박사 과정을 시작한 덕분에 가능했던 일이다.

이화여대에서 3년간 강의하며 학생들과의 소통에서 깊은 보람을 느꼈고, 이후 숙명여대 경력개발처 특임교수로 이직했다. 수입은 이전보다 적지만, 새로운 역할에서의 성취와 배움이 훨씬 크다.

Arthur & Rousseau는 '무경계 경력'을 통해 조직 경계를 넘어 유연한 경력 전환을 강조했다. 나 역시 하나의 조직에 머무르지 않고 계속 도전해 왔다.

중년층이 경력 전환을 고민하는 주요 이유는 다음과 같다:
- ✔ 사회·경제적 변화: 기술 발전과 산업 구조 재편에 따른 적응 필요성
- ✔ 개인 성장과 만족감: 삶의 질 향상과 자아실현 추구
- ✔ 직장 환경 변화: 역할 축소나 조직문화 변화에 따른 불만족
- ✔ 노후 준비 및 도전: 은퇴 이후 계획 또는 미뤄 둔 꿈의 실현

경력 전환을 위한 준비 단계는 다음과 같다:
- ✔ 목표 설정과 자기 분석: 강점, 약점, 흥미, 가치관 파악
- ✔ 정보 수집과 기술 학습: 산업 동향과 필요한 역량 분석
- ✔ 네트워킹과 멘토십: 조언을 통해 기회를 모색하고 실행 계획 수립

중년 이후에도 경쟁력 있는 삶을 위해서는 '무경계 경력'의 시각을 갖고, 새로운 기회에 적극적으로 도전하는 자세가 필요하다.

6
네트워크가 자산이다 - 인간관계 재정비하기

◆

 중년 이후의 경력 관리에서 중요한 부분은 단순히 경력 변화를 이끄는 것이 아니라, 인간관계를 재정비하고 네트워크를 활용해 지속 가능한 기회를 창출하는 것이다. 네트워킹은 단순한 직장 내 인맥을 넘어, 다양한 분야에서 서로 도움을 주고받을 수 있는 관계를 만드는 데 필수적인 요소다.

중년 이후 네트워킹의 중요성

 젊은 시절에는 자연스럽게 네트워킹이 형성된다. 직장에서 동료들과 프로젝트를 수행하거나, 대학에서 친구들과 교류하며 인간관계를 맺는다. 그러나 중년 이후에는 직장 내 네트워크가 줄고, 새로운 인맥을 자연스럽게 형성할 기회가 적어진다. 따라서 이 시기에는 의도적으로 네트워크를 관리하고 확장해야 한다. 이를 통해 새로운 기회를 발굴하고 경력을 이어 갈 수 있다.

 최근 연구에 따르면 전체 채용의 85%는 네트워킹을 통해 이루어진다고 한다. 이는 중년 이후 공개 채용보다는 인맥을 통해 기회를 얻는 경우가 많음을 보여 준다.

기존 네트워크의 재정비

과거의 인간관계를 돌아보고 재정비하는 것은 중년 이후 경력 관리의 첫 걸음이다. 과거 직장 동료, 대학 동문, 협력사와의 관계를 점검하고, 중요한 인연이라면 다시 연락을 시도하는 것이 필요하다.

A씨(52세, IT 전문가)는 30년간의 경력을 가진 IT 전문가다. 그는 퇴직 후 기존 회사 동료들과 다시 연락하며, 그들이 소속된 다른 회사에서 새로운 기회를 얻었다. 과거 인맥의 재정비가 새로운 출발의 계기가 된 것이다.

온라인 네트워킹도 중요한 채널이다. 링크드인(LinkedIn)과 같은 플랫폼을 통해 글로벌 전문가들과 연결되고, 자신의 전문성을 효과적으로 소개할 수 있다. 블로그, SNS, 포럼을 통해 활동을 지속하면서 존재감을 드러내는 것도 필요하다.

현재 나는 경력 스토리 브랜딩을 위해 네이버 블로그와 링크드인을 적극 활용하고 있다. 링크드인을 통해 해외 전문가들과의 글로벌 네트워크도 넓혀 가고 있다.

새로운 네트워크 확장 방법

중년 이후에는 새로운 전문가 모임, 세미나, 동호회 등을 통해 네트워크를 확장할 수 있다.

B씨(55세, 마케팅 전문가)는 산업 관련 세미나에 참석해 새로운 인맥을 만들었다. 세미나에서 만난 인물의 추천으로 프로젝트에 참여하게 되었고, 이는 새로운 커리어의 발판이 되었다.

멘토링, 강연, 워크숍 등도 효과적인 네트워크 확장 수단이다.

C씨(58세, 경영 컨설턴트)는 멘토링을 통해 젊은 인재들과 깊이 있는 관계를 형성했고, 그들과의 교류가 새로운 사업 기회로 이어졌다.

네트워킹을 경력 전환으로 연결하기

D씨(50대 후반, 인사담당자)는 퇴직 후 다양한 인맥을 활용해 프리랜서로 전환했고, 여러 기업에 인사 컨설팅을 제공하고 있다. 이처럼 네트워킹은 공개 채용보다 더 많은 기회를 제공할 수 있다.

네트워킹에서 중요한 것은 자신의 강점과 가치를 명확히 전달하는 것이다. "내가 어떤 일을 잘하고 어떤 방식으로 기여할 수 있는지" 자신 있게 소개해야 한다.

이화여대에서 첫 강의를 제안받았던 경험이 있다. 당시 박사 과정을 밟으며 프리랜서로 활동 중이었고, 인사경력 컨설팅사 RM(Right Management)에서 워크숍에 참여한 적이 있었다. 그 자리에서 만난 교수님에게 나를 간단히 소개한 것이 계기가 되어, 인사 직무 강의 제안을 받았고 이는 이후 특임교수로 이어지는 기회가 되었다.

네트워킹에서 조심해야 할 점은, 네트워크는 단순히 넓은 인맥이 아니라 깊이 있는 관계로 유지되어야 한다는 것이다.

E씨(53세, 금융 전문가)는 얕은 관계만 유지하다가, 신뢰할 수 있는 몇몇과 깊은 관계를 맺으면서 실질적인 기회를 얻게 되었다.

네트워킹은 기회를 얻는 것뿐 아니라 상대방에게 먼저 도움을 주는 자세가 중요하다. 내가 먼저 정보를 나누고, 다른 사람을 연결해 주는 태도가 장기적으로 신뢰를 만든다.

업무로 바빠 연락이 뜸했던 이들이 퇴직 후 연락해 오는 경우가 많다. 나는 이들에게 점심을 제안하고 학교로 초청해 제2의 커리어 노하우를 공유했다. 이후 이들과 다시 기업에서 재회하며 산학 프로젝트를 진행하기도 했다.

약한 고리 네트워킹 던바의 법칙(Dunbar's Number)은 인간이 유지할 수 있는 의미 있는 사회적 관계의 수를 150명으로 제한한다. 나 역시 명함 앱 '리멤버'에 2,500명이 등록되어 있지만 실제 연락하는 인맥은 100명 이하다.

반면, 약한 고리 네트워크 이론은 자주 만나지 않는 인물들과의 관계가 오히려 중요한 정보와 기회를 제공한다는 것이다.

샤넬 재직 시 활동한 'Korea HR Leader's Club'에서는 친밀한 관계가 아니더라도 비공식 모임을 통해 인연을 만들 수 있었다. 네슬레 인사임원과의 연결로 숙명여대와 MOU를 체결했고, 이는 캡스톤 디자인 과목 개설로 이어졌다.

또한, WIN(Women in INnovation)이라는 비영리 네트워크에 참여하면서 다양한 기업과 연계된 교육 프로그램을 기획했다. 나는 4년간 조사연구분과 이사로도 활동하며, 숙명여대의 SM 리더 특강 교과목에 WIN(Women in INnovation) 회원 기업의 리더를 초청해 강의를 진행했다. 유한킴벌리와 협력해 팀 프로젝트 기반 교과목도 운영한 바 있다.

약한 고리 네트워크의 장점은 다음과 같다.
- ✔ 다양한 배경과 관점을 가진 사람들과 교류할 수 있는 정보의 다각화

✔ 예상치 못한 취업, 비즈니스, 프로젝트 기회를 제공하는 연결성
✔ 감정적 거리로 인한 객관적인 피드백 가능성

약한 고리 네트워크의 장점은 확장성, 정보 유통, 기회 창출로 요약된다. 그러나 정서적 지지가 약하고 신뢰 형성에 시간이 걸릴 수 있으며, 관계 유지를 위한 꾸준한 소통이 필요하다.

몽클레르, 에르메스, 구찌 등과의 산학협력은 비공식적 인연을 기반으로 한 약한 고리 네트워킹의 결과다.

중년 이후 경력 관리와 네트워크 자산화 중년 이후 경력 관리는 단순한 재취업이 아니라 인생 후반전을 위한 전략이다. 네트워크는 중요한 자산이 되며, 지속 가능한 경력과 성장을 가능하게 한다.

F씨(60세, IT 전문가)는 세미나에서 형성된 네트워크를 통해 프로젝트를 지속하며, 새로운 기회를 창출하고 있다.

중년 이후 경력 관리는 관계 재정비, 새로운 네트워크 확장, 기회 연결의 연속 과정이다. 네트워킹은 단기 성과를 위한 도구가 아닌, 장기적인 성장과 신뢰 구축의 전략이다. 경험과 역량을 기반으로 질 높은 네트워크를 형성해 나가는 것이 중년 이후 경력 관리의 핵심이다.

7
디지털 시대의 적응력 키우기

✦

　디지털 시대가 도래하면서 기술 변화의 속도는 더욱 빨라지고 있다. 이에 따라 중년층에게는 지속적인 학습과 변화에 대한 유연성이 무엇보다 중요해졌다. 과거의 경험과 노하우만으로는 더 이상 경쟁력을 유지하기 어렵기 때문에, 디지털 기술을 적극적으로 수용하고 새로운 환경에 적응하는 역량을 기르는 것이 핵심 과제가 되었다.

　A씨(52세, 금융업)는 20년 넘게 은행에서 근무해 왔다. 그러나 금융권 전반에 디지털 전환이 빠르게 진행되면서 기존 업무 방식이 큰 변화를 맞이했다. 처음에는 변화가 두려웠지만, 그는 온라인 금융 서비스와 데이터 분석 관련 교육을 수강하며 디지털 역량을 체계적으로 키워 나갔다. 그 결과, 고객 맞춤형 재무 컨설팅을 제공하는 새로운 역할을 맡게 되었다.
　B씨(55세, 제조업 관리자)는 공장 운영을 오랫동안 담당해 왔다.

스마트 팩토리 시스템이 도입되면서 기존 방식이 점점 비효율적으로 인식되자, 그는 사내 디지털 교육 과정에 참여해 데이터 기반 의사결정 방식을 익혔다. 이후 자동화 시스템의 도입을 주도하며 회사의 생산성을 크게 높이는 데 기여했다.

C씨(50세, 자영업자)는 전통적인 오프라인 매장을 운영하며 판매 방식에 익숙했지만, 코로나19 이후 급속히 성장한 온라인 시장을 주목하게 되었다. 그는 전자상거래 플랫폼을 도입하고, SNS 마케팅과 온라인 광고 기법을 배워 사업을 확장했다. 그 결과 고객층이 넓어지고 매출 또한 증가했다.

D씨(53세, 공무원)는 오랫동안 전통적인 행정 업무에 익숙했으나, 정부의 디지털 행정 시스템 도입으로 새로운 방식에 적응이 필요해졌다. 불편함을 느끼기도 했지만, 디지털 문서 관리 시스템과 AI 기반 데이터 분석 툴을 익히면서 업무 효율성을 크게 높였다. 현재 그는 후배들에게 디지털 행정 활용법을 교육하는 역할까지 맡고 있다.

E씨(56세, 교육업)는 오랜 기간 오프라인 강의를 진행해 왔다. 그러나 비대면 교육이 보편화되면서 온라인 강의 제작 및 운영 능력이 필수로 떠올랐다. 그는 영상 편집과 온라인 강의 플랫폼 활용법을 익히며 변화에 적극 대응했다. 지금은 다양한 학습자에게 온라인 교육을 제공하며 새로운 교육 기회를 만들어 가고 있다.

디지털 시대에 적응하기 위한 방법은 명확하다. 첫째, 지속적인 학습이 필요하다. 새로운 기술과 트렌드를 꾸준히 학습하는 것이 경쟁력을 유지하는 핵심이다. 다양한 온라인 교육 플랫폼과 사내 교육 프로그램을 적극 활용해야 한다. 둘째, 디지털 도구를 익혀야 한다. 기본적인 데이터 분석, 온라인 협업 툴, AI 활용법 등을 학습해 실무에 적용할 수 있어야 한다. 셋째, 네트워크를 확장해야 한다. 디지털 환경에서 새로운 기회를 찾기 위해 같은 관심사를 가진 사람들과 소통하는 것이 중요하다. 넷째, 변화를 두려워하지 말아야 한다. 기술 변화는 피할 수 없는 흐름이다. 변화를 기회로 인식하고 적극적으로 적응하는 태도가 필요하다.

최근 연구에 따르면 디지털 기술을 적극적으로 학습한 중년층은 그렇지 않은 그룹보다 직무 만족도가 높고, 새로운 기회를 얻을 가능성도 더 크다고 한다. 한 조사에서는 50대 이상의 직장인 중 디지털 기술을 익힌 사람이 그렇지 않은 사람보다 승진 가능성이 30% 더 높다는 결과도 나타났다. 또한 세계경제포럼 보고서에 따르면 미래 노동 시장에서 요구되는 기술 중 60% 이상이 디지털 역량과 직결된다고 강조한다.

퇴직 후 프리랜서로 활동하기 위해서는 다양한 디지털 역량을 갖추는 것이 중요하다. 특히 웹 개발, 그래픽 디자인, 디지털 마케팅, 콘텐츠 제작 등은 프리랜서 시장에서 수요가 높은 분야다. 이러한 기술을 습득하면 경쟁력을 높일 수 있다.

임원 시절에는 실무 대부분을 직원들이 담당했지만, 회사를 나온 후에는 강의 요청이 들어오면 강의안과 PPT 자료를 직접 제작해야 했다. 영상이나 자료 작업도 스스로 해야 했으며, 마지막 회사에서는 외부 활동과 SNS 사용이 제한되어 디지털 플랫폼 활용이 어려웠다. 개인 브랜드를 구축하고 활동을 기록하기 위해 네이버 블로그와 링크드인 활동을 시작한 것도 2년이 채 되지 않았다. 이처럼 환경 변화에 적응하는 데는 정부가 제공하는 프로그램의 도움도 크다.

정부는 중년층을 대상으로 다양한 무료 디지털 교육 프로그램을 운영하고 있다. 주요 프로그램은 다음과 같다.

- ✔ 국민내일배움카드: 고용노동부에서 운영하는 직업훈련 지원 제도로, 실업자, 재직자, 자영업자 등을 대상으로 5년간 300만~500만 원 한도 내에서 직업훈련 과정을 무료 또는 저렴한 비용으로 수강할 수 있다.
- ✔ 디지털배움터: 고령층을 위한 디지털 역량 강화 프로그램으로, 스마트폰과 컴퓨터 활용법, 온라인 마케팅 등 실생활에 유용한 디지털 기기 사용법 교육을 제공한다.
- ✔ 디지털 임파워먼트 프로젝트: 누구나 차별 없이 디지털 교육

기회를 얻고 역량을 강화할 수 있도록 지원하는 프로그램으로, 약 30개 직무 분야에서 16,700개 이상의 교육 과정을 제공하고 있다.

이러한 프로그램을 통해 중년층은 디지털 역량을 효과적으로 강화하고, 프리랜서로서도 충분한 경쟁력을 확보할 수 있다.

중년 이후에도 경쟁력을 유지하기 위해서는 디지털 기술에 대한 적극적인 수용과 적응이 필수다. 변화를 두려워하지 않고 지속적으로 학습하며, 새로운 기술을 익히고 디지털 환경을 주도적으로 활용해야 한다. 이러한 태도는 중년 이후의 경력을 성장시키고, 새로운 기회를 창출하는 데 결정적인 역할을 할 것이다.

8
건강이 곧 경쟁력 - 신체적/정신적 건강 관리(테니스)

✦

중년 이후에도 경쟁력을 유지하는 것은 개인의 삶의 질뿐만 아니라 직업적 성취에도 중요한 요소다. 많은 사람이 중년이 되면 체력 저하, 정신적 피로, 업무 스트레스 등으로 인해 경쟁력이 약화된다고 생각한다. 하지만 신체적, 정신적 건강을 유지하는 것이야말로 지속적인 경쟁력을 보장하는 핵심 요소다.

A씨(52세, IT 기업 개발)는 40대 후반부터 만성 피로와 집중력 저하를 경험했다. 야근과 불규칙한 생활 습관이 원인이었다. 이후 규칙적인 운동과 식습관 개선을 통해 건강을 회복했다. 생산성이 높아졌고, 승진 기회를 얻었다. 신체적 건강은 곧 업무 효율성과 연결된다.

B씨(55세, 금융업)는 과도한 업무 스트레스로 인해 불면증과 우울감을 겪었다. 이를 해결하기 위해 명상과 요가를 시작했다. 감정 조절 능력이 향상되었고, 업무에서도 긍정적인 변화를 경험했

다. 정신 건강은 직장 내 관계와 성과에 큰 영향을 미친다.

C씨(50세, 교육업)는 장시간 앉아 있는 생활 습관으로 인해 허리 디스크를 진단받았다. 통증으로 인해 강의가 힘들어졌고, 학생들과의 소통도 줄었다. 이후 물리치료와 코어 근력 운동을 병행하며 상태가 개선되었다. 신체적 건강이 직업적 지속 가능성을 결정한다.

D씨(48세, 자영업자)는 불규칙한 생활로 인해 고혈압과 당뇨 초기 진단을 받았다. 건강 관리를 시작하며 식단을 조절하고 꾸준한 유산소 운동을 병행했다. 건강이 회복되면서 사업 운영에서도 활력을 되찾았다. 건강은 자기 관리의 중요한 부분이다.

E씨(53세, 연구원)는 연구와 논문 작성으로 인해 장시간 고립된 생활을 했다. 사회적 관계가 단절되며 우울감이 심해졌다. 이후 동료들과의 교류를 늘리고 취미 활동을 시작하며 정신적 건강을 회복했다. 신체적 건강뿐만 아니라 정신적 건강도 경쟁력 유지의 중요한 요소다.

최근 연구에 따르면 규칙적인 운동을 하는 중년층은 하지 않는 사람보다 업무 성과와 인지 능력이 높다. Harvard Medical School 연구에서는 중년 이후 신체 활동이 치매 예방과도 직결된다고 밝혔다. 또한, 정신 건강이 좋은 사람이 문제 해결 능력과 대인 관계에서 더 뛰어난 성과를 보인다는 연구도 있다. 건강 관리는 단순한 자기 관리가 아니라 지속적인 경쟁력을 유지하는 전략적 요소다.

신체적 건강을 유지하기 위해서는 규칙적인 운동이 필수다. 유산소 운동은 심폐 건강을 증진시키고, 근력 운동은 근육량 감소를 방지한다. 스트레칭과 요가는 유연성을 높이고 부상을 예방한다. 식단 조절도 중요하다. 균형 잡힌 영양 섭취가 신체 기능을 최적화한다. 수면도 필수적이다. 충분한 수면은 신체 회복과 인지 기능 향상에 기여한다.

정신적 건강을 위해서는 스트레스 관리가 중요하다. 명상과 심호흡은 불안과 긴장을 완화한다. 취미 활동은 삶의 만족도를 높인다. 사회적 관계를 유지하는 것도 필수적이다. 타인과의 소통은 정서적 안정에 긍정적인 영향을 미친다. 자기개발도 중요하다. 지속적인 학습과 도전은 정신적 활력을 유지하는 데 도움이 된다.

건강이 곧 경쟁력이다. 중년 이후에도 지속적으로 성장하고 성과를 내기 위해서는 신체적, 정신적 건강 관리가 필수다. 건강을 유지하는 사람이 결국 더 오랫동안 경쟁력을 갖출 수 있다.

중년 이후 경력 관리는 단순히 직업적인 성취에만 국한되지 않는다. 신체적·정신적 건강이 뒷받침되지 않으면 경력을 지속하거나 새로운 도전에 나서기가 어렵다. 특히, 신체 활동과 정신 건강을 동시에 관리할 수 있는 스포츠를 통해 균형 잡힌 삶을 유지하는 것이 중요하다. 중년 이후의 경력 관리는 직업적 성취에만 국한되지 않는다. 신체적·정신적 건강이 뒷받침되지 않으면 경력을 지속하거나 새로운 도전에 나서기 어렵다. 균형 잡힌 삶을 위해 신체 활동과 정신 건강을 동시에 관리하는 것이 중요하다. 특히, 스포츠는 이러한 균형을 유지하는 데 효과적인 수단이다.

직장 생활 동안 운동할 시간이 부족했다. 24시간을 회사에 몰입하며 일했다. 요가는 10년 넘게 했지만, 땀을 흘리는 유산소 운동은 거의 하지 않았다. 50대 중반이 되면서 유산소 운동의 매력을 느끼기 시작했다. 2019년 이화여대 인문대학 특임교수로 재직할 당시, 교직원과 학생들을 위한 가성비 높은 운동 프로그램이 있었다. 테니스와 골프가 대표적이었다. 골프는 경험도 없었고 관심도 없었다. 그러나 사회적 스포츠로 활용할 수 있어 테니스와 함께 시작했다. 골프는 월 8회(8시간)에 10만 원, 테니스는 월 4회(12시간)에 8만 원으로, 민간 스포츠센터와 비교해 가격 경쟁력이 뛰어났다. 중년에 시작한 운동이라 진도가 빠르지는 않았다. 골프는 척추를 비트는 동작이 많아 테니스에 비해 흥미가 떨어졌다. 테니스 역시 무릎 부담 때문에 주위에서는 추천하지 않았다. 하지만 테니스 경우는 유산소 운동 후의 개운함을 경험하며 꾸준히 운동을 이어갔다. 일주일에 2~3번 레슨을 받으며 포기하지 않았다. 동아리에 가입했지만 실력이 부족해 퇴출당하기도 했다. 테니스는 실력 차이가 크면 냉정하게 제외되는 경우가 많았다. 현재 고려대학교 노동대학원 테니스 동호회에서 활동 중이며, 2년이 지나자 게임을 할 정도의 실력이 되었다. 시작한 지 3년이 지나 초급을 마쳤다. 비록 아직 부족하지만, 운동 후의 상쾌함은 그 어떤 운동보다 만족도가 높다. 테니스는 단순한 운동이 아니다. 신체적·정신적 건강을 동시에 향상시키는 스포츠이다. 게임을 하며 동아리 동기나 동문들과의 대화와 식사 시간도 정신 건강에 긍정적인 영향을 준다. 중년 이후 퇴사한 후에는 가성비를 고려해 걷기나 등산을 선택하는 경우가 많다. 하지만 운동도 혼자보다는 사람들과 함께할 때 정신 건강에 더 도움이 된다. 등산도 매일 하면 지루하고 우울할 수 있다. 동아리를 통해 하는 스포츠 운동은 신체 건강 증진, 정신 건강 강화, 사회적 교류 확대, 생활의 활력을 증진시킨다.

중년 이후 운동의 중요성

심혈관 건강 개선이 중요하다. 운동은 심장병 예방에 효과적이다. 미국심장협회(AHA)에 따르면 규칙적인 운동은 심혈관 질환 위험을 35% 이상 낮춘다. 중년 이후 운동을 시작해도 심장 건강 개선 효과가 있다.

근육량 유지 및 골다공증 예방이다. 40대 이후 매년 근육량이

1%씩 감소한다. 하버드 의대 연구(2020)에 따르면, 60대 이후 근 손실 속도가 더욱 빨라진다. 세계보건기구(WHO)는 근력 운동과 유산소 운동을 병행하면 골 밀도를 유지하고 골절 위험을 30% 이상 줄일 수 있다고 발표했다. 인지 기능 보호 및 치매 예방이다. 운동은 치매 예방에 도움이 된다. 미국 알츠하이머 협회(2022) 연구에 따르면, 중년기에 운동을 시작한 사람은 노년기 치매 발병 위험이 40% 낮아진다. 규칙적인 유산소 운동은 뇌 혈류를 증가시켜 인지 기능을 보호한다.

정신 건강 및 스트레스 감소이다. 운동은 우울증 완화에 효과적이다. 영국 스포츠 의학 저널(BJSM, 2019)에 따르면, 운동은 우울증 증상을 30~50% 감소시킨다. 테니스, 골프, 등산과 같은 사회적 스포츠는 고립감을 줄이고 정서적 안정감을 높인다.

중년 이후 시작하기 좋은 운동

유산소 운동은 심폐 건강을 개선하고 체지방을 감소시킨다.

- ✔ 빠르게 걷기: 하루 30~40분 이상 걸으면 심혈관 건강에 도움이 된다.
- ✔ 등산: 심폐 지구력을 기르고 스트레스를 해소하는 효과가 있다.
- ✔ 수영: 관절 부담이 적고 전신 운동이 가능하다.

근력 운동은 근육 감소를 예방하고 관절 건강을 유지하는 데 중요하다.

- ✔ 필라테스·요가: 코어 근력을 강화하고 유연성을 높인다.
- ✔ 웨이트 트레이닝: 저강도 덤벨 운동은 근력 유지에 효과적이다.
- ✔ 저항 밴드 운동: 집에서도 쉽게 할 수 있으며 관절 부담이 적다.

사회적 스포츠는 신체 건강과 정신 건강을 동시에 향상시킨다.

- ✔ 테니스: 순발력과 집중력을 기르고, 동료들과 교류할 수 있다.
- ✔ 골프: 관절 부담이 적고 오랫동안 즐길 수 있는 스포츠다.
- ✔ 배드민턴: 규칙이 쉽고 짧은 경기로도 운동 효과를 볼 수 있다.

마음챙김 운동은 정신 건강과 스트레스 관리에 효과적이다.

- ✔ 명상 요가: 스트레스 완화와 유연성 증진에 도움을 준다.
- ✔ 타이치(태극권): 균형 감각을 길러 부상을 예방한다.

연구와 데이터를 통해 중년 이후 운동이 심장 건강, 근육 유지, 정신 건강 개선에 필수적임이 입증되었다. 운동은 치매 예방에도 효과적이다. 걷기, 수영, 테니스, 골프 등 부담 없이 시작할 수 있는 운동이 적합하다. 동아리 활동을 통한 사회적 스포츠는 신체 건강뿐만 아니라 정신 건강과 인간관계 형성에도 긍정적인 영향을 준다. 운동을 언제 시작하느냐보다 꾸준히 지속하는 것이 가장 중요하다.

PART 3

경력 전환의
현실적 전략

1
경력 전환을 위한 3단계 준비법

◆

중년 이후 경력 전환은 단순한 직장 이동이 아니다. 이는 새로운 삶의 방향을 설정하는 과정이다. 기존의 경험을 토대로 자신을 재정비하고, 변화하는 환경에 맞춰 적응해야 한다. 다음은 이를 위해 활용할 수 있는 효과적인 3단계 준비법이다.

중년의 경력 전환을 고려할 때 가장 중요한 첫 단계는 스스로를 객관적으로 분석하는 것이다. 지금까지 쌓아 온 경험과 역량을 정리하고, 미래의 방향성을 고민해야 한다. 핵심 역량을 파악하며 새로운 목표를 설정하고, 변화하는 정체성을 수용하는 과정을 거치는 것이 필요하다.

A씨(52세, 제조업 엔지니어)는 30년간 한 회사에서 근무하다가 구조조정을 겪었다. 그는 자신의 기술을 재점검하고, 유지보수 업무에서 컨설팅으로 전환하기 위해 관련 자격증을 취득했다. 그 결과, 자연스럽게 새로운 직무로 이동할 수 있었다.

B씨(48세, 금융업)는 오랜 기간 영업직에서 일했지만, 점차 체력적인 부담을 느꼈다. 데이터 분석과 리스크 관리에 관심을 두고 관련 교육을 받은 그는 금융 데이터 분석가로 성공적으로 전환할 수 있었다.

중년의 경력 전환은 단순한 직업 변경이 아니다. 이는 새로운 인생의 장을 여는 과정이다. 이를 위해 세 가지 준비 단계가 필요하다.

1단계: 자기 진단과 정체성 재정립

- 나의 핵심 역량과 가치를 파악하는 것이다.
- 새로운 목표를 설정하는 것이다.
- 정체성의 변화를 수용하는 것이다.

실행 방안:

- ✔ 핵심 역량 분석을 위해 강점과 약점을 목록화하고, 경력 컨설턴트나 전문가로부터 피드백을 받는다.
- ✔ 단기와 장기로 나누어 향후 목표를 구체화한다.
- ✔ 경제적 안정성을 위해 가용 자산과 예상 수입을 점검한다.

2024년 미국 노동통계국(BLS) 연구에 따르면, 경력 전환을 고려하는 중년층의 60%가 경제적 불확실성을 가장 큰 장애 요소로 꼽았다.

C씨(50세, 교육업)는 교사로서의 경력을 마무리하고 싶었으나 교육 분야에서 계속 일하고 싶었다. 그는 성인 교육과 온라인 강의 제작 기술을 익혀 새로운 시장에서 활동할 수 있게 되었다.

2단계: 학습과 네트워크 확장
- 새로운 환경에 대해 학습하는 것이다.
- 기존 네트워크를 활용하고 신규 네트워크를 구축하는 것이다.
- 실전 경험을 쌓는 것이다.

실행 방안:
✔ 관심 분야의 최신 동향을 파악하기 위해 업계 리포트와 연구 자료를 분석한다.

최근 맥킨지 보고서에 따르면, 디지털 트랜스포메이션 시대에는 지속적인 학습이 핵심 경쟁력이다.

✔ 온라인 강의 플랫폼(코세라, 유다시티, K-MOOC) 및 오프라

인 교육 과정을 활용하여 필요한 기술을 습득한다.
- ✔ 관련 포럼, 협회, 커뮤니티에 적극 참여하여 네트워크를 강화한다.

하버드 비즈니스 리뷰(HBR) 연구에 따르면, 경력 전환 성공자의 70%가 새로운 기회를 인맥을 통해 얻었다.

D씨(55세, IT 업계)는 관리자로 근무하다가 퇴직 후 스타트업 멘토로 전환했다. 그는 기존 인맥을 활용해 여러 스타트업에 조언을 제공하며 새로운 커리어를 시작했다.

3단계: 실행과 지속적 점검
- 작은 목표부터 실행하는 것이다.
- 피드백을 반영해 조정하는 것이다.
- 지속 가능한 성장 전략을 수립하는 것이다.

E씨(47세, 마케팅 전문가)는 회사의 방향이 맞지 않다고 판단하여 독립 컨설턴트로 전환했다. 그는 SNS를 통해 브랜딩하고 점차적으로 고객을 확보하면서 성공적인 전환을 이루었다.

28년간 인사 업무를 하며 16년간 임원으로 일했던 나는 계획 없이 퇴사한 뒤 막막했다. 석사 학위 4개를 갖고 있었지만, 50대 초반에 어떤 방향으로 나아가야 할지 알 수 없었다. 퇴사 후 기업과 대학에서 특강을 하며 경험을 쌓고, 기업 교육 컨설팅과 대학교 교수직을 두고 6개월간 고민했다. 기업에서는 차별화된 콘텐츠 부족과 제한된 네트워킹 기회로 한계를 느꼈고, 대학 교수직은 박사학위라는 큰 장벽이 있었다. 결국, 내가 좋아하는 일을 선택해야 한다는 결론에 도달했다. 경제적인 면에서 예전 보수에 비해 낮았지만, 나를 더 행복하게 만드는 것이 더 중요한 기준이 되었다.

중년 이후 경력 전환을 위한 마음가짐

- ✔ **유연한 사고방식 유지**: 경력 전환은 불확실성과 변화의 과정이므로, 새로운 기회와 도전을 받아들이고 배우려는 태도를 유지하는 것이다.
- ✔ **자기 평가와 재정비**: 자신이 어떤 분야에서 강점을 가지고 있고, 무엇을 개선해야 하는지 객관적으로 평가하며, 필요할 경우 새로운 기술이나 지식을 습득하는 준비가 필요하다.
- ✔ **지속적인 네트워킹**: 경력 전환 후 새로운 직업 세계에 적응하기 위해 기존 네트워크를 적극적으로 활용하고, 새로운 사람들과 연결하며 기회를 넓혀 가는 것이다.

경력 전환에 성공한 사람들의 특징 3가지

- ✔ **자기 인식과 자기개발**: 자신의 강점과 약점을 이해하고 필요한 기술과 지식을 개발하며 평생 학습을 중요시하는 것이다.
- ✔ **적극적인 네트워크 활용**: 기존 네트워크를 적극 활용해 정보와 기회를 얻으며, 다양한 분야 사람들과 교류해 새로운 기회를 창출하는 것이다.
- ✔ **적응력과 회복력**: 도전과 실패를 긍정적으로 받아들이며 목표를 향해 나아가는 것이다. 실패를 성장의 기회로 삼는 태도를 유지하는 것이다.

[금융업 지점장을 위한 중년 이후 경력전환설계표]

단계	설명	주요 질문	실천 팁	금융업 지점장 사례	실행 시 유의 사항	전환 실패 사례
1단계: 자기진단	금융 경력의 강점·약점 진단	내 강점과 약점은? 현재 역할의 성장성?	강점·약점 리스트, 코칭 받기	28년차 C지점장, 변화 필요 인식	냉정한 자기 성찰, 평판 체크	준비 없는 퇴사 후 공백 발생
2단계: 경력목표 설정	커리어 및 인생 목표 설정	60세 이후 계속 일할지? 원하는 삶?	목표·재무 계획 수립	'영업 교육 전문가' 목표	현실적 목표 설정, 가족 공유	막연한 창업 목표로 실패
3단계: 옵션 탐색	경력 옵션 및 시장 기회 탐색	금융업 외 가능한 일? 업계 니즈?	네트워크 활용, 사례·시장 조사	금융연수원, 기업교육, 핀테크 고려	외부 환경 (규제·디지털) 고려	내부 옵션만 찾다가 경쟁 심화
4단계: 역량 재정비	필요한 스킬·교육· 네트워크 보완	부족한 역량? 최신 트렌드?	교육 수강, 자격 취득, 디지털 역량	컨설턴트 교육, 코칭 자격 취득	지속적 역량 업그레이드 필수	과거 방식 고집해 시장 외면
5단계: 실행계획 수립	로드맵, 파일럿 경험, 재무 계획	시작 시기·방법? 재정 여유?	현업과 병행, 퇴직 후 구체화	주말·야간 강의, 컨설팅 병행	재무 리스크 체크, 시뮬레이션	퇴직 직후 수입 급감
6단계: 실행 및 피드백	성과 점검 및 전략 수정	시장 반응? 고객 니즈 부합?	파일럿 활동 피드백, 네트워크 확장	강의 후 기업 컨설팅으로 확대	초기 반응 따라 유연한 수정	전략 수정 없이 확장해 손실

2
'좋아하는 일' vs. '할 수 있는 일' 구분하기

◆

좋아하는 일과 할 수 있는 일은 겉보기에는 비슷해 보이지만, 이 둘은 명확히 다른 개념이다. 이 두 가지를 명확히 구분하고 균형을 맞추는 방법을 고민하는 것은 경력과 인생에 있어 매우 중요한 과제다.

좋아하는 일은 감정적인 동기 부여를 통해 기쁨과 만족감을 가져다준다. 이 일은 자아실현과 창의적인 표현에 관한 것이며, 반복되는 작업조차도 도전 정신을 불러일으키고 지속적으로 에너지를 쏟을 수 있게 한다. 예를 들어 음악, 미술, 글쓰기, 여행, 동물 보호 등이 여기에 해당한다. 좋아하는 일을 할 때 우리는 큰 감정적 만족을 느낄 수 있고, 그 자체로 삶의 의미를 발견할 수 있다.

반면에 할 수 있는 일은 기술적인 숙련도나 경험을 바탕으로 한 업무다. 이는 실용적이고 생계를 유지하기 위한 활동으로, 안정적인 직업 경로를 제공하지만 감정적인 만족은 줄 때도 있다. 금융, 법률, 의료, 관리직 같은 분야가 그 대표적인 예이다. 이러한 일은 대개 문제 해결과 효율성을 강조한다.

좋아하는 일과 할 수 있는 일을 어떻게 조화롭게 결합할 것인가?
첫째, 핵심 역량을 바탕으로 좋아하는 일을 찾아야 한다. 예를 들어, 마케팅 전문가라면 마케팅 기술을 활용해 자신이 좋아하는 취미나 관심 분야를 홍보하는 방식으로 두 가지를 결합할 수 있다.
둘째, 두 가지를 병행하는 방법도 있다. 직업으로는 할 수 있는 일을 하면서, 여가 시간에는 좋아하는 일을 하는 것이다. 주말에 작가로 활동하거나 프리랜서 프로젝트를 시작하는 방식이 좋은 예이다.
셋째, 좋아하는 일을 할 수 있는 일로 전환할 수 있다. 예를 들어, 글쓰기를 좋아한다면 콘텐츠 작성 기술을 배우거나 출판 관련 기술을 익혀 직업으로 삼는 것이다.
넷째, 자기 인식과 가치에 기반을 둬야 한다. 좋아하는 일과 할 수 있는 일은 시간이 지나면서 바뀔 수 있으므로, 자신의 가치를 반영한 선택을 할 수 있도록 준비하는 것이 중요하다.

A씨(47세, 공공기관)는 관리직에서 오랜 기간 안정적인 직장 생활을 해 왔지만, 항상 음악에 깊은 관심을 가지고 있었다. 45세 이후, 그는 주말마다 음악 이론과 악기 연주를 배우기 시작했고, 지

금은 작은 공연장에서 연주자로 활동하고 있다. 음악을 직업으로 전환하려면 더 많은 시간을 투자해야 한다는 생각을 하고 있다.

B씨(53세, 중학교 교사)는 30년 가까이 교육 현장에서 일하며 문학을 사랑하고 글쓰기에 열정을 가지고 있었다. 최근 그는 글쓰기에 집중할 시간을 확보하고, 프리랜서 작가로 활동을 시작했다. 주말마다 글을 쓰며 자신만의 책 출판 계획을 세우고 있다.

C씨(50세, 전직 회계사)는 금융업계에서 25년을 일한 후 정원 가꾸기에 관심을 가져 자격증을 취득했다. 이제는 정원 디자인 사업을 시작해 자신의 정원 설계 및 관리 능력을 활용하고 있다.

D씨(44세, IT직장인)는 IT 기술 분야에서 20년 넘게 일했지만 최근 몇 년간 더 이상 열정을 느끼지 못했다. 그는 요리 학원을 다니며 전문적인 요리 기술을 배우기 시작했고, 퇴직 후 자신만의 레스토랑을 열 계획이다.

E씨(48세, 의료 분야 전문가)는 20년 넘게 의사로 일했지만, 자연 치유와 관련된 연구에 더 관심을 가지게 되었다. 그는 자연 치유와 관련된 교육을 받고, 이를 바탕으로 건강 상담과 관련된 직업으로 전환할 계획을 세우고 있다.

이들 모두는 자신이 좋아하는 일과 할 수 있는 일을 명확히 구분하고, 이를 조화롭게 결합하려고 노력하며 변화에 도전하고 있다.

좋아하는 일과 할 수 있는 일의 조화로운 결합 사례

내가 운영하는 숙명여대의 [SM리더특강]은 매 학기 12명의 산업계 전문가와 C-레벨을 초대해 그들의 경력 이야기와 산업에 대해 강의하는 과목이다. 2024년에는 두 명의 대표적인 인사를 초청했다.

첫 번째는 매거진 [행복이 가득한 집]의 최장수 편집장이었던 구선숙 대표로, 퇴직 후 미술과 문학을 결합한 공연과 전시를 기획하는 1인 기업체 "Edit my day"를 설립했다.

두 번째는 록시땅 코리아에서 대표이사를 지낸 김진하 대표로, 퇴직 후 예술 전시와 음악회를 기획하는 J20409의 대표로 활동하고 있다.

최근 연구에서는 직업에서의 만족감이 좋아하는 일과 할 수 있는 일을 어떻게 결합하느냐에 따라 크게 달라진다고 밝히고 있다. 2023년 연구에서는 직업적 만족도와 개인적 열정을 조화롭게 결합한 사람들이 더 높은 성과를 낼 수 있음을 보여주었다. 2024년 연구에서는 경력 전환을 계획하는 사람들이 자신의 핵심 역량을 기반으로 새로운 경로를 찾는 것이 중요하다고 강조했다.

나는 28년 동안 7개의 외국계 기업에서 인사 업무를 담당해 왔다. 석사학위를 다수 취득하며 인사 전문가로 성장했지만, 늘 영업직에 대한 열망이 있었다. 그러나 현실적인 한계로 인해 인사직에 머물렀고, 회사 생활을 마무리하며 대학교에서 제2의 인생을 시작했다. 지금은 산학연계 프로그램을 기획하면서 직접 기업과 협력하고, 프로젝트를 실행하며 내가 꿈꾸던 업무를 하고 있다.

결국, 좋아하는 일과 할 수 있는 일의 균형을 찾는 과정에서 자신의 역량과 가치를 인식하고, 그것을 바탕으로 계획을 세우는 것이 가장 중요한 교훈임을 깨달았다. 이는 중년 이후 삶의 만족도를 높이는 데 중요한 역할을 한다.

# 3
퇴직 후의 경력 관리- 나의 주도적 경력 행동

✦

중년 이후 경력 관리는 개인이 경쟁력을 유지하고 성공적인 경력 전환을 이루기 위한 핵심 요소다. 그 중심에는 주도적 경력 활동이 있다. 이는 개인이 경력 목표를 세우고 실천 계획을 수립해 스스로 실행에 옮기는 행동을 말한다. 정보 수집, 경력 문제 해결을 위한 계획 수립, 의사결정, 기술 개발, 경력 상담, 네트워크 구축 등이 포함되며, 퇴직 이후 고용 가능성을 높이고 성공적인 제2의 경력을 설계하는 데 중요한 역할을 한다. 이를 통해 중년 이후에도 끊임없이 발전하는 삶을 영위할 수 있다.

주도적 경력 활동의 중요성

주도적 경력 활동에서 가장 중요한 것은 정보 수집과 계획 수립이다. 예를 들어, 고용 시장 동향, 산업별 요구 기술, 재취업 프로그램 등 다양한 정보를 적극적으로 탐색한다. 이를 바탕으로 퇴직 후 경력 목표를 설정하고 달성을 위한 구체적인 실행 계획을 세운다. 이 과정에서 필요한 기술을 학습하거나 자격증을 취득하는 등 구체적이고 실현 가능한 목표를 마련한다. 주도적 경력 활동은 단순히 직장을 찾는 데 그치지 않고, 개인의 성장과 발전을 위한 전략을 구축하는 과정이다.

중년 이후 주도적 경력 활동의 구체적인 방법

정보 수집: 경력과 관련된 정보를 적극적으로 수집한다. 고용 시장 동향을 분석하고, 산업별 요구 기술과 재취업 프로그램을 탐색하여 퇴직 후 새로운 직업 기회를 준비한다.

경력 문제 해결 계획 수립: 경력 목표를 구체적으로 설정하고 달성하기 위한 실천 방안을 마련한다. 새로운 분야에 도전하려면 필요한 기술을 배우거나 자격증을 취득하는 등 실질적인 계획을 세운다.

기술 개발: 기존 전문성을 확장하기 위해 새로운 기술을 익히거나 기존 기술을 업그레이드한다. 디지털 기술, 외국어 능력, 직무 관련 자격증 취득 등이 포함된다.

네트워크 구축: 동료, 멘토, 산업 전문가와의 관계를 확장하고 유지하여 중요한 정보를 얻고 새로운 기회를 모색한다. 네트워킹은 경력 발전의 필수적인 과정이다.

경력 상담 및 멘토링: 전문가와 상담하며 자신의 강점과 약점을 분석하고 미래 경로를 설계한다. 멘토의 조언을 통해 심리적 지원을 받으며, 경력 전환에 대한 방향성을 확립한다.

자기평가와 개선: 자신의 핵심 역량과 작업 능력을 평가해 부족한 부분을 보완한다. 긍정적인 자기평가는 경력 전환 과정에서 중요한 정서적 자원이 된다.

주도적 경력 활동을 위한 핵심 자기평가 방법

자기평가는 주도적 경력 활동에서 필수적인 과정이다. 자신의 경력과 경험을 객관적으로 평가하며 발전 방향을 모색하는 데 활용할 수 있다.

존중감 평가: 자신의 가치를 객관적으로 판단하고 과거 성과와 강점을 기록해 자신의 긍정적인 영향을 확인한다.

일반화된 자기 효능감 측정: 새로운 상황에서도 성공할 수 있다는 믿음을 점검하고 과거의 도전 과제 해결 방식을 분석한다.

내재적 통제 위치 확인: 자신의 경력에 대한 통제력을 평가하며, 외부 요인보다 개인의 노력과 결단이 중요하다는 태도를 강화한다.

정서적 안정성 점검: 스트레스와 불확실성에 대처하는 능력을 평가하며, 경력 전환에서 느끼는 불안을 관리할 방법을 모색한다.

경력 콘텐츠화: 자신의 경력과 경험을 체계적으로 정리하여 콘

텐츠로 만든다. 포트폴리오나 블로그를 작성해 경력을 명확히 보여 준다.

피드백 활용: 동료나 멘토로부터 피드백을 받아 자신의 강점과 약점을 객관적으로 파악하고 이를 경력 발전에 활용한다.

여러 기업과 개인들이 주도적 경력 활동을 통해 성공적인 제2경력을 구축한 사례들이 있다.

포스코의 생애경력개발 프로그램은 개인이 주도적으로 경력 목표를 설정하고 실행할 수 있도록 다양한 지원을 제공한다.

아시아나항공의 L-CDP 프로그램은 입사부터 퇴직까지 모든 단계를 포함하며, 퇴직 이후를 대비한 전직지원 제도를 운영한다.

HP의 Charles House는 다양한 제약 속에서도 꾸준히 성과를 창출하며 주도적 경력 활동의 모범 사례로 손꼽힌다.

LG경영연구원의 일선 실무자들은 주도적으로 업무를 수행하며 신속한 고객 대응과 성과를 이뤄 낸다.

이러한 사례들은 주도적 경력 활동이 개인의 경력 발전과 조직의 인재 관리에 중요한 영향을 미친다는 점을 보여 준다.

최근 연구에서는 조직의 맥락 요인, 기관 유형, 개인 특성 등이 주도적 경력 행동과 경력 만족도에 미치는 영향을 탐구하고 있다.

예를 들어, 국내 과학기술인의 주도적 경력 행동에 대한 연구에서는 조직의 혁신 지향 문화와 개인-상사 적합성이 경력 만족도와 업무 수행에 미치는 영향을 분석했다. 또한, 산업체 종사자의 주관적 경력 성공과 고용 안정성, 조직의 경력 관리 지원, 프로틴 경력 태도 및 행동 간의 인과 관계를 규명했다.

나의 연구에서는 다국적 기업에서 개인의 고용 불안정성이 경력 몰입, 경력 태도, 경력 성공에 미치는 영향을 실증적으로 검증했으며, 개인적 요인이 경력 관리에서 중요한 역할을 한다는 결론을 내렸다.

A씨(58세, IT 산업, 시스템 관리자): 퇴직 후 클라우드 컴퓨팅과 빅 데이터 관련 자격증을 취득하고, 새로운 기술을 습득해 재취업에 성공.

B씨(50세, 제조업, 생산 관리자): 퇴직 후 경영학 석사 과정을 수료하고 산업 자격증을 취득, 사업 컨설팅 역할로 재취업.

C씨(60세, 금융 산업, 투자 전문가): 퇴직 후 최신 금융 기술을 공부하고 새로운 투자 자격증을 취득, 개인 투자 컨설팅 회사 설립.

D씨(55세, 교육 산업, 중학교 교사): 온라인 교육 콘텐츠를 제작하며 교육 관련 스타트업에서 교육 프로그램 개발자로 재취업.

E씨(52세, 의료 산업, 간호사): 디지털 건강 관리 기술을 배우고 관련 자격증을 취득해 원격 진료 서비스 분야로 경력 전환.

주도적 경력 활동은 단순히 퇴직 후의 경력 관리뿐 아니라, 개인의 지속적인 자기 발전과 성공적인 제2경력을 설계하는 데 필수적인 과정이다. 이를 통해 중년 이후에도 고용 가능성을 유지하고, 자신만의 길을 개척하며, 더 나은 삶을 만들어 갈 수 있다.

4
새로운 직업군 탐색 - 어디에서 기회를 찾을 것인가

◆

중년 이후의 경력 전환은 단순히 생계 유지를 넘어서, 삶의 의미와 자아 실현을 찾는 중요한 과정이다. 경력의 중간 지점에서 새로운 직업군을 탐색하는 것은 신중하고 전략적인 접근이 필요하다. 이 글에서는 중년 이후 경력 전환을 위한 전략을 제시한다.

기존 경험과 강점을 재정비하기

경력 전환을 고려할 때 가장 중요한 첫 단계는 기존 경험과 강점을 재조명하는 것이다. 자신이 쌓아 온 경험과 지식, 네트워크를 분석하고 이를 다른 분야에서 어떻게 활용할지 고민해야 한다.

A씨(50대 중반의 HR 임원)는 인사 관리 역량을 바탕으로 커리어 코치로의 전환을 고려했다. 그는 다양한 기업과 개인에게 HR 전략과 인재 개발에 대한 전문적인 조언을 제공하며 성공적인 전환을 이뤄 냈다.

B씨(45세, 마케팅 전문가)는 20년간의 경력을 디지털 마케팅으로 전환하며, 소비자 분석과 브랜드 전략 능력을 디지털 환경에 맞게 재구성해 새로운 기회를 창출했다.

성장하는 산업 및 직업군 탐색

중년 이후 경력 전환을 고려할 때, 성장하는 산업군을 찾는 것은 중요한 전략이다. 고령화 사회와 웰빙 산업, 디지털 트랜스포메이션 관련 직업군이 주목받고 있다.

C씨(53세, 금융업)는 30년간의 금융업 경력을 바탕으로 은퇴설계 전문가로 전환해 시니어 시장의 수요에 맞는 컨설팅 서비스를 제공하고 있다.

D씨(55세, 출판업)는 디지털 콘텐츠 제작자로 전환하며 온라인 강의와 웹 콘텐츠 제작을 통해 새로운 직업군에 성공적으로 진입했다.

네트워크 및 시장 조사 활용

기존의 네트워크를 활용하는 것도 경력 전환에서 중요한 전략이다.

E씨(52세, 인사직무)는 전 직장 동료들과의 인연을 활용해 새로운 산업으로 진입하는 데 도움을 받았다. 네트워크를 통해 직업 정보를 얻고 멘토링 프로그램에 참여하며 더 많은 경험을 쌓았다. 업계 행사에 참여해 새로운 기회를 모색하고 다양한 사람들과의 협업 가능성을 탐색했다.

이처럼 네트워킹은 경력 전환을 촉진하고 실질적인 기회를 창출하는 데 큰 도움이 된다.

소규모 실험을 통해 검증하기

경력 전환이 부담스럽다면, 소규모 실험을 통해 새로운 직업군에 대한 가능성을 탐색하는 것도 효과적이다.

F씨(52세, 금융업)는 라이프코칭에 관심을 갖게 되어 사이드 프로젝트로 소규모 라이프코칭 세션을 진행했고, 긍정적인 반응을 얻어 본격적인 직업으로 전환했다.

사이드 프로젝트나 단기 계약형 프로젝트를 통해 새로운 직업군을 미리 경험해 보는 방식은 리스크를 줄이고 적합성을 확인할 수 있는 좋은 방법이다.

학습과 재교육

새로운 직업군으로 전환하려면 최소한의 학습과 자격이 필요하다. 중년 이후에도 학습을 지속하며 자신의 역량을 확장하는 것이 중요하다.

G씨(52세, 교육업)는 최신 디지털 교육 방법론과 기술을 배우기 위해 온라인 강의를 수강하고, 새로운 교육 관련 자격증을 취득했다. 이를 바탕으로 디지털 교육 플랫폼에서 강의를 제공하며 성공적인 전환을 이뤄 냈다.

이처럼 온라인 교육, 전문 과정, 자격증 취득 등을 통해 새로운 분야에 진입하는 것은 확실한 경로가 된다.

중년 이후 경력 전환의 의의

중년 이후 경력 전환은 단순한 직무 이동이 아니라, 기존 경험과 강점을 새로운 방식으로 재해석하는 과정이다. 자신이 가진 능력과 네트워크를 바탕으로 성장 가능성이 높은 분야를 찾고, 소규모 실험을 통해 확신을 얻은 후 본격적으로 도전하는 것이 효과적이다.

디지털 트랜스포메이션, 웰빙 산업, ESG 관련 직무 등 유망한 직업군을 탐색하고 학습과 재교육으로 경쟁력을 강화해 나가는 것이 중년 이후 경력 전환의 성공적인 길이 된다.

참고자료

- 한국고용정보원, "고령층 경력 개발과 직업 전환: 정책 및 제언", 2023.
- 한국직업능력개발원, "디지털 기술 기반 직업군의 성장 가능성 분석", 2024.
- 글로벌 인력시장 연구, "중년 경력 전환의 도전과 기회", 2025.

주요 직업군과 관련 사이트

1) 디지털 및 기술 기반 직업: 데이터 분석, AI 활용 컨설팅 등.

2) 프리랜서 및 창업: 디지털 마케팅, 콘텐츠 제작, 웹 개발 등.

3) 교육 및 강의: 온라인 강의 제작, 디지털 강연자 등.

4) 사회적 서비스: 사회복지사, 요양보호사 등.

5) 특화된 신규 직무: 동물 행동 교정사, 도시 재생 코디네이터 등.

- 한국고용정보원: https://www.keis.or.kr
- 한국직업능력개발원: https://www.krivet.re.kr
- 중장년일자리희망센터: https://www.seniorjob.or.kr

- 고용노동부: https://www.moel.go.kr
- 대한민국 정부 대표 포털: https://www.gov.kr
- 한국산업인력공단: https://www.hrdkorea.or.kr
- 중소기업진흥공단: https://www.sbc.or.kr

중년 이후에도 기존 경험과 강점을 활용해 새로운 직업군에 도전할 수 있다. 성공적인 사례와 참고자료를 바탕으로 자신의 경력 전환 전략을 구체화하고, 지속적인 학습과 네트워킹으로 원하는 경력목표를 설정할 수 있다.

5
내 경력의 스토리텔링 - 차별화 전략 세우기

✦

중년 이후 새로운 기회를 모색할 때는 단순히 과거의 직무 경험을 나열하는 것만으로는 부족하다. 이 시기에는 자신만의 고유한 가치를 드러낼 수 있는 스토리텔링과 차별화된 전략이 무엇보다 중요하다. 이러한 접근은 경쟁력을 높이고, 변화하는 환경 속에서 새로운 기회를 효과적으로 탐색할 수 있도록 돕는다.

나는 누구이며, 어떤 가치를 줄 수 있는가?

경력 스토리텔링의 출발점은 "나는 누구이며, 어떤 가치를 제공할 수 있는가?"라는 질문에 명확하게 답하는 것이다. 이를 위해 다음과 같은 질문을 스스로에게 던져 볼 수 있다.

- ✔ 내 커리어에서 가장 의미 있었던 경험은 무엇인가?
- ✔ 어떤 변화나 도전을 겪었으며, 그것을 어떻게 해결했는가?
- ✔ 나의 전문성과 강점은 무엇이며, 이는 타인과 어떤 점에서 다

른가?
✔ 고객이나 조직에게 내가 줄 수 있는 실질적 가치는 무엇인가?

이러한 질문을 통해 경력의 흐름을 스토리로 정리하고, 자신만의 메시지를 명확히 전달할 수 있다.

A씨(52세, IT 프로젝트 매니저)는 25년간 IT 업계에서 근무하며 다양한 프로젝트를 총괄해 왔다. 50대에 접어들면서 그는 조직 내에서 자신의 역할이 달라지고 있음을 인식했고, 이를 계기로 중소기업 대상 디지털 전환 컨설턴트로 경로를 바꾸기로 결심했다. 데이터 분석 역량을 강화하기 위해 교육을 받았고, 자신의 전환 과정을 블로그와 강연을 통해 공유하면서 개인 브랜드를 구축했다. 현재는 기업과 대학을 오가며 컨설팅과 강의를 병행하고 있다.

B씨(47세, HR 전문가)는 금융업계에서 20년간 인재 개발과 조직 관리를 담당했다. 그러나 AI와 자동화 기술의 도입으로 인해 HR 업무의 비중이 줄어드는 흐름을 감지하고, 자신만의 전환 전략을 구상하게 되었다. 그는 HR 경력을 바탕으로 리더십 코칭 및 조직 변화 컨설턴트로 방향을 전환했고, LinkedIn을 활용해 자신의 경력을 체계적으로 정리하며 기업 컨설팅 활동을 이어 가고 있다.

C씨(50세, 마케팅 전문가)는 글로벌 소비재 기업에서 마케팅 전

략을 맡아왔으나, 회사의 구조조정으로 인해 새로운 진로를 모색하게 되었다. 그는 이전의 마케팅 경험을 살려 스타트업과 중소기업을 위한 마케팅 컨설팅을 시작했고, 유튜브와 팟캐스트를 통해 자신의 인사이트를 전파하며 개인 브랜드를 구축했다. 현재는 기업 마케팅 자문과 강연을 병행하고 있다.

D씨(55세, 제조업 엔지니어)는 30년간 제조 현장에서 품질관리와 공정 혁신을 담당했다. 은퇴 이후에도 자신의 전문성을 살리고자 중소기업을 대상으로 생산 프로세스 개선 컨설팅을 시작했고, 더 나아가 기술 교육 콘텐츠를 개발해 대학과 직업훈련기관에서 강의하고 있다.

E씨(49세, 영어 강사)는 20년간 교육 업계에 몸담으며 영어를 가르쳐 왔다. 온라인 교육 시장의 성장 가능성을 감지한 그는 커리어 전환을 위한 맞춤형 영어 콘텐츠를 제작하여 온라인 강의를 시작했고, 학습자 코칭 프로그램과 책 출간을 통해 자신의 전문성을 더욱 확고히 다져 나가고 있다.

차별화된 스토리텔링을 위한 전략

중년의 경력 전환에서 스토리텔링을 효과적으로 활용하려면 다음과 같은 전략이 중요하다.

희소성 있는 경험 강조: 글로벌 프로젝트 수행, 조직 혁신 참여,

위기관리 등 흔치 않은 경험을 구체적으로 드러낸다.

독특한 경험 조합 활용: 예를 들어, HR과 디지털 전환을 결합하거나, 리더십 코칭과 심리학을 함께 녹여 낸 융합형 경력을 어필한다.

개인 브랜드 일관성 유지: LinkedIn, 블로그, 유튜브 등에서 일관된 메시지를 전달하며, 네트워킹 자리에서도 동일한 스토리를 활용한다.

진정성 있는 이야기 전달: 성공 사례뿐 아니라 시행착오와 실패 경험도 함께 공유하여 신뢰를 얻는다.

스토리텔링과 기술 습득은 함께 가야 한다

Harvard Business Review(2023) 보고서에 따르면, 중년 이후 경력 전환에 성공한 이들의 60% 이상은 기존 경험에 새로운 기술을 더해 커리어 전환을 실현했다. 이는 단순한 자기 PR을 넘어, 변화에 맞춰 자신을 끊임없이 업그레이드해 나가는 태도가 중요하다는 사실을 보여 준다.

중년 이후의 경력 관리는 자신의 경험을 하나의 강력한 이야기로 정리하는 데서 시작된다. 이 이야기는 명확한 메시지를 갖고 있어야 하며, 논리적 구조와 설득력을 갖추고, 개인의 진정성과 신뢰를 함께 담아야 한다. 여기에 자신만의 브랜드가 더해진다면, 커리어 전환은 훨씬 자연스럽고 강력하게 전개될 수 있다.

개인 브랜딩 사례와 온라인 플랫폼 전략

A씨(45세, 콘텐츠 PD)는 대기업을 퇴사한 후 유튜브 콘텐츠 제작자로 전향하여 자신의 스토리를 기반으로 콘텐츠를 만들고 있다.

B씨(48세, 교육 기획자)는 블로그를 기반으로 1인 기업을 창업해 교육 컨설팅을 시작했고, 기존 연봉을 뛰어넘는 성과를 올렸다.

C씨(44세, 베이킹 강사)는 금융권에서 퇴사한 뒤 자신의 취미였던 베이킹을 유튜브 채널과 강의로 발전시켜 프리랜서로 전향했다.

D씨(49세, 스타트업 대표)는 대기업 인사총괄책임자로 일하다가 퇴사 후 스타트업을 창업하고, 자신의 경험을 바탕으로 유튜브 채널을 운영 중이다.

E씨(46세, 과학 콘텐츠 제작자)는 생물학 관련 콘텐츠를 제작하며 유튜브에서 교육적 영향력을 넓히고 있다.

이들은 모두 자신의 전문성을 디지털 플랫폼을 통해 브랜드로 확장하며 성공적으로 새로운 경로를 개척하고 있다.

실제 경험 기반 브랜딩 전략 적용

필자 역시 샤넬에서의 경력을 퇴사 이후 콘텐츠로 풀어내기 시작했다. 네이버 블로그 'CAREER@知'를 통해 중년 경력 전환과 산학연계 프로그램을 소개하고 있으며, 이를 LinkedIn에 함께 공유하면서 약 8,000명의 팔로워와 연결된 글로벌 피드백 환경을 활용하고 있다. 특히 실패와 고민을 나누는 콘텐츠가 더 큰 반응과 공감을 얻었다는 점은 브랜딩에서 진정성의 중요성을 다시금 느끼게 했다.

플랫폼별 활용 전략 정리

- ✔ **LinkedIn**은 B2B 커리어와 전문 네트워킹에 강하며, 업계 키워드 중심의 콘텐츠와 DM 네트워킹으로 기업 및 전문가와 연결되기 유리하다.
- ✔ **브런치**는 감성적 스토리텔링에 적합하며, 깊이 있는 콘텐츠를 통해 신뢰감을 구축하고 출판 기회를 넓힐 수 있다.
- ✔ **네이버 블로그**는 검색 노출이 강점이며, 다양한 주제를 혼합해 대중성과 전문성을 모두 잡을 수 있다.

플랫폼 활용 우선순위 제안

중년 이후 커리어 전환을 준비하는 사람에게는 **1순위로 LinkedIn, 2순위로 브런치, 3순위로 네이버 블로그**의 조합이 가장 적합하다. LinkedIn은 전문가 이미지 구축과 글로벌 네트워킹에 유리하고,

브런치는 깊이 있는 이야기와 감성적 접근에 강점이 있다. 네이버 블로그는 생활형 콘텐츠와 병행하여 보다 넓은 대중 유입을 이끌어 낼 수 있다.

결론적으로, 중년 이후의 커리어 전환은 단순한 직무 변경이 아닌, 자신의 경험과 가치를 진정성 있게 전달하고 확산시키는 스토리 기반의 전략적 여정이다. 변화의 시대, 우리는 '무엇을 했는가' 보다 '무엇을 어떻게 전하고 연결할 수 있는가'가 더 중요해지고 있다. 자신만의 언어로 경력을 이야기하고, 그 이야기를 통해 새로운 길을 열어 가는 것이야말로 가장 지속 가능하고 설득력 있는 커리어 전환 전략이다.

6
프리랜서, 창업, 재취업 - 어떤 길이 맞을까?

✦

중년 이후 경력 전환을 고려할 때에는 프리랜서, 창업, 재취업이라는 세 가지 경로를 중심으로 다양한 선택지가 존재한다. 이들 각각은 특징과 장단점이 뚜렷하기 때문에 개인의 성향과 인생 목표, 가치관에 따라 맞춤형으로 선택할 필요가 있다. 단순히 직장을 옮기는 개념을 넘어서, 자신의 삶의 방식과 일의 의미를 다시 설정하는 기회로 접근하는 것이 바람직하다.

프리랜서: 자유와 유연성을 중시하는 독립형 커리어

프리랜서는 고용주 없이 독립적으로 활동하는 직업 형태로, 본인의 역량과 전문성을 바탕으로 수익을 창출한다. 디지털 기술, 콘텐츠 제작, 디자인, 컨설팅 등 다양한 분야에서 활동이 가능하다.

프리랜서의 주요 장점은 자유로운 근무 환경이다. 시간과 장소의 제약이 적기 때문에 재택근무나 여행 중 근무도 가능하다. 또한, 스스로 원하는 프로젝트를 선택해 자기주도적인 경력 관리를 할 수 있으며, 전문성이 높을수록 프로젝트 단위로 높은 수익을 올릴 수 있는 가능성도 있다.

반면 단점도 존재한다. 가장 큰 어려움은 수입의 불안정성이다. 프로젝트의 유무에 따라 수입이 들쭉날쭉할 수 있고, 고정된 수입이 없기 때문에 재무적인 계획이 필요하다. 업무 전반을 혼자 관리해야 하기 때문에 자기 관리 능력이 필수이며, 조직 내 네트워크나 팀워크와는 거리가 있어 사회적 연결이 약해질 수 있다.

이러한 프리랜서 경로는 자유로운 업무 환경을 선호하고, 독립적이며 창의적인 활동을 좋아하며, 스스로 업무와 삶을 조율할 수 있는 사람에게 적합하다.

창업: 도전과 비전 실현을 위한 사업 기반의 경력 전환

창업은 자신만의 사업을 시작하고 이를 직접 운영하며 수익을 창출하는 형태다. 단순히 직무를 바꾸는 것을 넘어서, 사업 아이디어 구상부터 시장 조사, 자금 확보, 팀 구성까지 모든 요소를 스스로 감당해야 한다.

창업의 가장 큰 장점은 자율성과 성장 가능성이다. 자신의 철학과 방향성에 따라 사업을 설계하고 운영할 수 있으며, 성과가 좋을 경우 큰 만족감과 성취를 경험할 수 있다. 또한, 사업이 성장할 경우 고용 창출, 해외 진출 등의 확장 기회도 함께 따라온다.

그러나 창업에는 높은 리스크가 따른다. 창업 초기에는 자금 압박과 운영상의 변수들이 많고, 성공 확률도 낮다. 불확실성이 크기 때문에 사업이 안정되기까지 시간이 오래 걸릴 수 있으며, 가족과 개인 생활이 희생되기도 한다.

이러한 경로는 도전을 두려워하지 않고, 자신의 아이디어를 실현하고자 하며, 리더십을 발휘해 조직을 이끌고 싶은 사람에게 적합하다.

재취업: 안정성과 연속성을 바탕으로 한 현실적 대안

재취업은 기존의 경력과 경험을 기반으로 다시 정규직 또는 계약직 형태의 직장으로 복귀하는 선택이다. 새로운 직무로의 이동일 수도 있고, 기존 분야에서의 연장선일 수도 있다.

재취업의 가장 큰 장점은 고정 수입과 복리후생으로 인한 안정성이다. 일정한 급여를 받을 수 있고, 사회보험, 휴가 등 제도적 혜택도 누릴 수 있다. 또한, 직장 내에서 동료 및 상사와의 네트워크를 통해 사회적 관계를 유지할 수 있으며, 승진이나 경력 발전의 기회도 존재한다.

반면 자율성은 제한될 수 있다. 상사나 조직의 방침에 따라 업무를 수행해야 하며, 일정이나 프로젝트 진행에 있어 스스로 선택할 수 있는 여지가 적다. 또한, 새로운 직무에 적응하는 데 어려움을 겪거나 기존의 경험이 그대로 활용되지 않을 수 있는 한계도 있다.
　재취업은 안정적인 생활을 추구하고, 경력의 연속성을 유지하고자 하며, 조직 내 성장의 가능성을 원하는 사람에게 적합하다.

　A씨(55세, 심리 상담사)는 퇴직 후 심리 상담사 자격증을 취득하고, 지역 복지관과 협력하여 상담 서비스를 시작하였다. 그는 매월 평균 10명의 고객을 상담하며 월 200만 원가량의 수익을 올리고 있다.
　B씨(50세, IT 강사)는 컴퓨터 활용능력 자격증을 취득한 뒤, 중장년층을 대상으로 엑셀 강의를 기획하여 유튜브 채널과 지역 커뮤니티를 통해 교육을 진행하고 있다. 그는 이를 통해 월 150만 원가량의 부수입을 확보하고 있다.
　C씨(52세, 요가 강사)는 요가 자격증을 취득하고 공원과 온라인에서 소규모 수업을 운영하며 프리랜서로 활동 중이다. 그는 건강을 유지하면서도 수익을 창출하는 데 성공하였다.
　D씨(45세, 웹 개발자)는 중년의 나이에 기존 직장을 그만두고 웹 개발자로의 전환을 결심했다. 그는 소규모 프로젝트에 참여하면서 실무 역량을 키우고 있으며, 기술적 기반을 점차 확장해 가고 있다.

중년 경력 전환의 현실과 경향

실제로 중장년층의 재취업은 쉽지 않다. 2021년 기준 통계에 따르면, 40~60세 인구는 전체의 40.3%를 차지하며, 이 가운데 약 66.4%가 취업 상태였다. 그러나 이들 중 상당수는 기존의 직무에 머무르기보다는 새로운 분야로의 전환을 고려하고 있다.

관련 통계를 살펴보면, 중장년층은 다양한 경로 중에서도 특히 프리랜서와 재취업을 선호하는 경향이 뚜렷하다. 중장년내일센터의 설문 조사에 따르면, 중장년층이 선호하는 일자리 유형 중 전일제 다음으로 높은 비율(38.7%)이 시간제 및 프리랜서 근무 형태였다. 이는 시간의 유연성을 중요시하는 중년층의 성향을 반영하는 결과이다.

또한, 국내 프리랜서 규모는 2022년 기준 약 406만 5천 명에 달하며, 평균 연령은 43.6세였다. 최근 5년간 특수고용직과 프리랜서 인구는 233만 명이 증가했으며, 이 중 중년 및 노년층의 비율이 빠르게 늘고 있는 추세다. 이러한 변화는 프리랜서 활동이 더 이상 젊은 세대의 전유물이 아니라는 점을 보여 준다.

한국개발연구원(KDI)의 연구 결과도 이러한 흐름을 뒷받침한다. 이 연구에 따르면, 국내 근로자들은 중년 이후 기존 일자리를 떠난 후, 직무 구성이 완전히 다른 분야로 재취업하는 경향이 높다. 이는 단순히 같은 일을 다른 회사에서 이어 가는 것이 아니라,

아예 직무나 산업을 전환하는 '커리어 피벗'을 시도하는 사례가 많음을 시사한다.

다만, 창업에 대한 구체적인 통계는 부족한 실정이다. 일반적으로 중년층은 폭넓은 경험과 인맥을 활용해 창업을 고려하는 경우가 많다고 알려져 있지만, 이를 뒷받침할 실증 자료는 충분하지 않다. 따라서 창업을 고려하는 이들은 더욱 신중한 계획과 준비가 필요하다.

결론: 나에게 맞는 커리어 전환의 길 찾기

프리랜서, 창업, 재취업은 각기 다른 삶의 방식과 업무 형태를 제안한다. 프리랜서는 유연성과 자기주도성을 제공하며, 창업은 도전과 자율성, 확장의 기회를 제공한다. 반면 재취업은 안정성과 사회적 관계 유지 측면에서 강점을 가진다. 결국 중요한 것은 자신이 어떤 가치를 추구하고 어떤 삶을 원하는지에 대한 명확한 이해다. 자신의 성향과 상황에 따라 적합한 방향을 선택하고, 체계적인 준비와 실행을 통해 중년 이후의 인생을 새롭게 설계해 나가야 한다.

7
이직과 재취업을 위한 실전 전략

✦

　중년 이후의 이직과 재취업은 젊은 시절과는 다른 방식의 접근이 필요하다. 경력이 많다는 점은 분명한 강점이지만, 기업이 요구하는 역량과 개인이 기대하는 가치가 반드시 일치하는 것은 아니기 때문에 현실적인 전략이 필요하다. 따라서 중년층에게 중요한 것은 자신의 경험을 효과적으로 정리하고, 다양한 네트워크를 적극 활용하며, 변화하는 환경에 유연하게 적응할 수 있는 자세를 갖추는 것이다.

　경력 전환을 위한 첫 단계는 자기 진단과 시장 분석이다. 지금까지 쌓아온 경력을 되짚어보며 강점과 약점을 객관적으로 파악하고, 현재 시장이 요구하는 역량과 기술 트렌드를 분석해야 한다. 자신의 기술이 여전히 유효한지를 점검하고, 부족한 부분이 있다면 관련 자격증 취득이나 최신 기술 학습을 통해 경쟁력을 보완해야 한다. 예를 들어, 노동조합 관련 경험이 있는 인사 담당자는 계약직 노무 임원으로 채용되는 경우가 많다. 이러한 경력 활용 전략도 유용하다.

중년층의 가장 큰 자산은 오랜 경험과 전문성이다. 이를 효과적으로 활용하려면 경력을 정리해 포트폴리오를 만들고, 전문 분야의 역량은 물론 리더십과 커뮤니케이션 같은 소프트 스킬도 강조할 수 있어야 한다. 또한, 디지털 기술의 발전으로 인해 기존 업무 방식의 경쟁력이 약화될 수 있으므로, 온라인 교육이나 세미나, 워크숍 등을 통해 새로운 지식을 습득하고 지속적으로 자기개발에 힘써야 한다.

네트워크 역시 중년층의 중요한 자산 중 하나다. 수십 년간 쌓아 온 인맥을 활용해 구직 정보를 얻고, 추천을 받을 수 있다. 더불어 온라인 네트워크 플랫폼을 활용하거나, 업계 세미나 및 멘토링 프로그램에 참여해 새로운 인맥을 구축하는 것도 중요하다. 일부 기업에서는 중년 인재 채용 시 헤드헌터를 통한 추천을 선호하므로, 이와 같은 채널을 활용하는 것도 고려해 볼 만하다.

자신의 기존 경력을 활용할 수 있는 유사 직무로의 이동은 적응에 유리하다. 예를 들어, 금융업에 종사했던 사람이 기업 컨설턴트로 활동하거나, 실무 경험을 살려 강사나 코치, 멘토로 전환하는 경우도 많다. 창업이나 자영업을 고려한다면 철저한 시장 조사와 준비가 필요하며, 정부의 중장년층 고용 안정 및 재취업 지원 정책을 적극 활용하는 것도 현명한 선택이 될 수 있다. 현재 정부는 중장년 내일센터를 확대하고 생애경력설계, 전직스쿨 프로그램을 통해 이직과 재취업을 돕고 있다.

이러한 전략들을 통해 재취업에 성공한 사례들도 있다.

A씨(55세, 마케팅 전문가)는 대기업에서 30년간 근무한 후 퇴직했지만, 기존의 인맥을 활용해 마케팅 컨설팅 회사를 창업했다. 그는 젊은 인재들과 협업하며 디지털 마케팅 기술을 익히고, 중소기업을 대상으로 마케팅 전략 수립을 지원하고 있다.

B씨(52세, 금융업 종사자)는 20년간 은행에 근무한 후 핀테크 스타트업으로 이직했다. 그는 온라인 교육을 통해 블록체인과 암호화폐 관련 지식을 익히고, 새로운 금융 서비스 개발에 기여하며 핵심 인재로 자리매김했다.

C씨(58세, 기술 강사)는 제조업체에서 오랜 기간 엔지니어로 일하다가 직업전문학교 강사로 전직했다. 그는 실무 경험을 바탕으로 현장 중심의 교육을 제공하며 학생들의 취업을 지원하고 있다.

D씨(54세, 간호사)는 대형 병원에서 30년간 근무한 뒤 요양원을 창업하였다. 그는 기존의 의료 지식과 현장 경험을 활용해 디지털 헬스케어 기술을 도입한 요양 서비스를 제공하고 있다.

E씨(56세, 인사 전문가)는 중소기업의 인사팀장으로 일하다가 퇴직한 후 정부의 중장년 재취업 지원 프로그램을 통해 직업상담

사로 전직했다. 그는 인사 경험을 살려 구직자에게 현실적인 조언을 제공하고 있으며, 특히 중장년층의 재취업에 주력하고 있다.

이처럼 중년 이후에도 다양한 방식으로 성공적인 이직과 재취업이 가능하다. 중요한 것은 자신의 강점을 정확히 인식하고, 이를 새로운 환경에 맞게 변환하고 적용할 수 있는 준비를 갖추는 것이다. 변화하는 시장과 기술 환경에 적응하기 위해 지속적인 학습이 필요하며, 오랜 인맥을 통한 네트워크 확장도 병행되어야 한다. 정부에서 제공하는 각종 재취업 지원 프로그램 또한 재도약의 발판으로 활용할 수 있다.

이직과 재취업을 위한 실전 전략으로는 다음과 같은 준비가 요구된다. 먼저, 자신의 경력과 역량을 토대로 현실적인 경력 목표를 설정해야 한다. 이를 바탕으로 가능한 직무군을 탐색하고 집중적으로 공략할 필요가 있다. 둘째, 네트워킹을 활성화해야 한다. 과거 동료나 업계 전문가와의 관계를 복원하거나, 새로운 인맥을 형성해 정보와 기회를 얻는 것이 좋다. 온라인 플랫폼의 활용도 적극적으로 고려해야 한다. 셋째, 지속적인 자기개발이 중요하다. 필요한 자격증을 취득하거나, 재교육 프로그램에 참여해 최신 기술과 지식을 습득해야 한다. 넷째, 이력서와 포트폴리오를 체계적으로 정비해 자신의 성과와 역량을 효과적으로 표현할 수 있도록 준비해야 한다. 마지막으로, 유연한 사고와 적응력을 갖춰야 한다. 과거 직위나 연봉에 얽매이지 않고, 현재 상황에 맞는 실질적인 선택을 통해 취업 기회를 확대해야 한다.

실제로 필자의 경우 프리랜서로 활동하면서 박사 과정을 병행했지만 경제적인 어려움이 컸다. 과거 3개의 회사에서 민주노총과 한국노총 소속의 노동조합을 관리한 경험이 있었고, 이 경력이 인정되어 프랑스계 위스키 회사에 입사하게 되었다. 박사 논문만 남겨 둔 상태에서 다시 기업 인사부 임원으로 복귀했으나, 그 회사에서의 6개월은 내 인생에서 가장 힘든 시기였다. 불안정한 노사관계와 법적 분쟁이 지속되었고, 익숙하지 않은 조직문화로 인해 많은 스트레스를 겪었다. 당시 재취업은 나의 경력과 역량이 인정받았던 시기였지만, 조직의 문화가 나의 가치관과 맞지 않아 경제적 유혹보다 더 큰 심리적 부담이 되었다.

재취업을 준비할 때는 단순히 경제적인 조건만이 아니라, 조직문화와의 조화가 중요한 요소임을 절실히 깨달았다. 최근 연구에서도 중년 재취업 실패의 주요 원인은 낮은 조직문화 적응력과 기업의 가치관과의 불일치로 인한 심리적 소진이라고 분석하고 있다. 실제로 중년 이후 재취업에 실패하는 주요 이유는 다음과 같다. 첫째, 새로운 조직문화에 대한 부적응이다. 오랜 경력을 통해 고착된 개인의 업무 방식이 변화 중심의 조직과 충돌할 경우 적응이 어려워진다. 둘째, 역할과 기대치의 불일치다. 경력에 대한 기대가 높지만 실제 업무는 다를 수 있으며, 실무보다 관리 경험이 많을 경우 현장 적응에 애로를 겪을 수 있다. 셋째, 빠르게 변하는 업무 환경에 대한 낮은 민첩성이다. 디지털 도구나 원격 근무 시스템 등 새로운 기술 환경에 적응하는 데 어려움이 따를 수 있다. 넷째, 심리적 소진과 낮은 내적 동기다. 경제적 이유로만 재취업을 선택할 경우 만족도가 낮고, 조직 적응에 필요한 에너지가 금세 소진된다. 다섯째, 세대 간 소통의 어려움이다. 젊은 세대와의 커뮤니케이션 방식 차이로 인해 관계 형성이 어렵고, 이로 인해 조직 내 소외감을 느끼기도 한다.

이러한 실패를 예방하려면 재취업 전에 다음 요소들을 미리 점검해야 한다. 먼저, 조직문화와 자신의 가치관이 일치하는지 확인해야 한다. 필자의 경우, 프랑스계 기업이라는 점에서 과거의 샤넬과 비슷할 것이라 생각했지만 실제로는 조직 분위기와 리더십 스타일이 전혀 달랐다. 입사 전에 회사의 미션과 비전, 일하는 방식 등을 조사하고, 내부 직원의 리뷰나 네트워크를 통해 기업의 실상을 파악하는 과정이 필요하다. 둘째, 자신의 역할과 기대치가 회사와 일치하는지 확인해야 한다. 단순히 '경험이 많으니 잘할 것이다'라는 막연한 기대가 있는지, 실제로 어떤 업무를 맡게 될지 채용 과정에서 명확히 해야 한다. 셋째, 기술과 트렌드에 대한 준비가 필요하다. 과거에는 전략 위주의 업무만 담당했지만, 지금은 디지털 툴이나 협업 시스템에 대한 기본 역량이 요구된다. 넷째, 심리적 유연성을 키워야 한다. 자신을 객관적으로 점검하고, 변화에 대한 개방성과 스트레스 관리 능력을 향상시켜야 한다. 필요하다면 코칭이나 멘토링을 통해 내면의 회복력을 기를 수 있다. 마지막으로, 세대 간 커뮤니케이션 역량도 중요하다. 젊은 세대와의 차이뿐 아니라, 남성 중심 조직과 여성 중심 조직 간의 소통 방식 차이도 고려해야 한다. 권위적인 태도보다는 경청과 협력 중심의 소통 방식을 익혀야 하며, 내적 동기를 재정립하고, 단순한 연봉만이 아닌 직업적 의미와 보람을 중심으로 취업 결정을 내려야 한다.

결국 재취업을 고려할 때는 "이 조직에서 내가 얼마나 오래 일할 수 있을까?"를 스스로 점검해 보는 과정이 필수적이다. 필요하다면 커리어 코치, 조직 심리 전문가, 멘토 등과 상담을 통해 사전에 충분히 준비하는 것이 바람직하다.

중년 재취업 실전 준비 체크리스트

✔ 조직문화 & 가치관 확인
- 나는 이 기업의 미션과 비전이 내 가치관과 맞는다고 느끼는가?
- 의사결정 구조(수평/수직, 유연/보수적)를 받아들일 수 있는가?

- 회사의 분위기와 일하는 문화가 나에게 스트레스를 유발하지 않는가?
- 사내 직원 리뷰, 지인 또는 네트워크를 통해 실제 분위기를 파악했는가?

✔ 역할 & 기대치 점검
- 내가 맡을 직무의 구체적인 역할과 목표를 충분히 이해하고 있는가?
- 회사가 기대하는 성과와 내가 현실적으로 할 수 있는 일이 일치하는가?
- 과도한 기대나 "만능 해결사"처럼 보일 수 있는 오해를 방지했는가?

✔ 역량 & 기술 준비
- 협업 도구(MS Teams, Slack 등)를 활용할 수 있는가?
- 업계의 최신 트렌드와 변화에 대해 공부하고 있는가?
- 새로운 기술이나 자격증 취득 계획이 있는가?

✔ 심리적 유연성 & 회복력
- 새로운 환경에 설렘이나 기대가 있는가?

- 변화에 열린 태도로 접근할 자신이 있는가?
- 스트레스를 조절하거나 회복할 수 있는 나만의 방법(운동, 상담 등)이 있는가?

✔ 커뮤니케이션 능력
- 다양한 세대와 효과적으로 소통할 수 있는가?
- 권위적인 태도보다 협력적이고 열린 자세를 유지할 수 있는가?
- 피드백을 주고받는 데 익숙하고, 그것을 긍정적으로 활용할 수 있는가?

✔ 내적 동기 & 재취업 목표 설정
- 단순히 경제적 이유 외에 내가 이루고 싶은 비경제적 목표가 분명한가?
- 장기적인 커리어 방향성을 계획하고 있는가?
- 팀이나 조직의 성장을 함께 고민하고 실천할 의지가 있는가?

면접 질문 대비 체크리스트

✔ 핵심 역량 & 경험
- 대표적인 성과와 배운 점을 이야기할 수 있는가?
- 갈등 해결 경험이나 리더십 스타일을 설명할 수 있는가?

- 나의 강점과 약점을 구체적으로 정리해 두었는가?

✔ 조직문화 적응
- 새로운 문화나 세대와의 협업 경험을 말할 수 있는가?
- 과거 적응 어려움을 어떻게 극복했는지 준비했는가?

✔ 변화 & 혁신 수용
- 디지털 도구나 새로운 업무 방식에 적응한 사례가 있는가?
- 트렌드 변화에 대한 관심과 학습 경험이 있는가?

✔ 지원 동기 & 기여 가능성
- 이 회사에 지원한 이유와 내가 줄 수 있는 가치가 무엇인지 명확한가?
- 장기적인 목표와 조직 내에서의 성장 계획이 준비되어 있는가?

중년 이후 재취업은 단순히 직장을 옮기는 문제가 아니라, 본인의 경험과 가치를 새롭게 정의하고, 변화에 유연하게 대응하는 과정이다. 이 과정에서 가장 중요한 요소 중 하나는 '네트워크 활용'이다. 중장년층은 수십 년간 쌓은 인맥을 기반으로 기회를 만들 수 있으며, 실제로 전체 채용의 약 30~50%가 지인을 통한 추천으로 이루어진다. LinkedIn과 같은 온라인 플랫폼을 적극 활용해 자기 브랜딩을 강화하고, 최신 이력서 작성 방식인 '역량 기반 이력서'를 통해 연령에 대한 편견을 극복해야 한다.

최근 연구에 따르면 중년 재취업 성공 요인은 세 가지로 요약된다. 첫째, 지속적인 네트워크 관리와 인맥 확장이다. 둘째, 최신 기술과 트렌드에 대한 학습이다. 셋째, 다양한 형태의 직무(프리랜서, 계약직 등)에 대한 유연한 태도다. 특히 멘토링 프로그램, 업계 협회 등 외부 조직의 리소스를 활용하는 것도 중요한 전략이다.

또한 산업별로 다르지만 공통적으로 익혀야 할 핵심 기술은 다음과 같다. 디지털 및 IT 기술로는 데이터 분석(엑셀 고급, SQL, Python), ChatGPT 등 AI 활용 능력, 클라우드(AWS, Azure, Google Cloud)와 사이버 보안 기본 지식이 필요하다. 디지털 협업 도구인 Slack, Trello, Asana, Notion의 특성과 사용법도 알고 있어야 하며, RPA(UiPath, Power Automate)와 같은 업무 자동화 도구, Low-Code/No-Code 플랫폼(Bubble, Power Apps)도 점차 중요해지고 있다. 전자결재 시스템과 원격근무 도구(ZOOM, MS Teams 고급 활용 등), AI 번역·문서 툴(DeepL, ChatGPT Prompt 설계 등)도 활용 능력이 요구된다.

마지막으로, 디지털 마케팅, SEO, 링크드인 운영과 같은 개인 브랜딩 역량, 하이브리드 근무 환경 적응력, ESG·지속 가능성·애자일 방식에 대한 이해도 경쟁력을 높이는 데 핵심이 된다. 이러한 전략과 기술을 익힌다면, 연령에 관계없이 중년 이후에도 자신만의 경력을 새롭게 정의하고 새로운 기회를 창출할 수 있을 것이다.

8
경제적 준비도 필수 - 재무 점검과 리스크 관리

✦

중년 이후의 경력 관리를 위해 경제적 준비는 필수이다. 재무적 안정성이 뒷받침되지 않으면 원하는 방향으로 나아가기 어렵기 때문이다. 무엇보다도 자신의 재무 상태를 우선적으로 점검해야 한다. 직장에 다닐 때는 월급이 정기적으로 입금되기 때문에 수입과 지출을 체계적으로 관리하지 않는 경우가 많다. 아이들의 교육비, 부모님 용돈, 가족여행 등 다양한 지출로 인해 수입이 빠져나가기 마련이다.

먼저 자산과 부채를 분석해 순자산(Net Worth)을 계산하고, 수입과 지출 패턴도 함께 점검해야 한다. 월급, 연금, 투자 수익 등 정기적인 수입과 주거비, 보험료, 생활비 같은 고정 지출 항목을 정확히 파악해 현금 흐름을 관리해야 한다. 또한, 미래에 예상되는 비용도 반드시 고려해야 한다. 건강 관리, 자녀 교육비, 결혼 지원금, 은퇴 후 생활비 등은 점점 증가할 가능성이 높다. 소비 습관을 한순간에 바꾸는 것은 어렵지만, 사전에 준비하지 않으면 큰 어려움을 겪게 된다.

리스크 관리 또한 중년 이후 재무 전략에서 빠질 수 없는 요소이다. 가장 큰 리스크는 건강이다. 의료비 부담을 줄이기 위해 건강보험과 실손보험에 가입하고, 평소 건강한 생활 습관을 유지해야 한다. 또한, 소득의 리스크도 존재한다. 중년 이후에는 정기 소득이 줄어들거나 사라질 가능성이 크기 때문에 추가적인 소득원을 확보하는 것이 중요하다. 예를 들어, 파트타임 강의, 전문 자문, 임대 수익 등이 이에 해당된다. 투자 리스크 역시 간과해서는 안 된다. 고위험 자산에 무리하게 투자하는 것은 피하고, 연금, 배당주, 채권 등 안정적인 투자처를 활용하는 것이 바람직하다.

장기적인 재무 전략 수립은 50대 이후에 더욱 중요해진다. 은퇴를 고려한 구체적인 목표를 세우고 자산을 안전하게 운용해야 한다. 소득원을 다각화하여 온라인 비즈니스, 프리랜서 활동, 강의 등 다양한 방식으로 수입을 확보해야 한다. 이와 함께 절세 전략도 필요하다. 연금저축, 개인형퇴직연금(IRP) 등을 활용하면 세금 절감 효과를 누릴 수 있다. 경제적 자유를 실현하기 위해서는 소비 패턴을 최적화하고 충동 소비를 줄이는 것이 중요하며, 재테크 학습도 반드시 필요하다. 금융 상품, 부동산, 연금에 대한 이해도를 높이고, 필요할 경우 전문가의 도움을 받는 것도 좋은 방법이다. 또 하나 중요한 것은 비상금 확보이다. 최소 6개월에서 1년치 생활비를 별도로 준비해 둬야 한다. 비상 상황에 대비하지 못하면 적금을 해지하거나 보험 담보 대출을 받는 등의 불리한 상황에 놓일 수 있다. 매달 적은 금액이라도 비상금을 따로 관리하는 습관이 필요하다.

현재 대한민국은 OECD 국가 중 노인 빈곤율 1위를 기록하고 있다. 2023년 기준 66세 이상 고령층의 빈곤율은 40.4%로, 이는 OECD 평균 14.2%의 약 세 배에 달한다. 이는 중년 이후 경제적 자유를 위한 실천이 부족했음을 보여 주는 수치이다.

다음은 실제 사례이다.

A씨(53세, IT 기업 부장)는 평생 직장이라 믿었던 회사에서 구조 조정으로 퇴직했다. 재무 점검을 소홀히 했고, 퇴직 이후 생활비와 자녀 교육비 문제로 큰 고민에 빠졌다.

B씨(55세, 금융권 팀장)는 부모의 병원비와 자녀 유학비로 인해 월급 전액을 지출했고, 은퇴 준비는 전혀 하지 못한 상태에서 자영업에 도전했지만 초기 자금 부족으로 실패를 경험했다.

C씨(58세, 제조업 공장장)는 퇴직 후 컨설팅업을 시작했으나 건강보험과 실손보험에 가입하지 않아 큰 의료비 부담을 안게 되었다.

D씨(60세, 공공기관 관리직)는 연금 외 소득원이 없어 은퇴 후 생활비 부족을 실감하고 있다. 부동산 임대 사업을 준비했지만 시

기가 늦어 큰 수익을 기대하기는 어렵다.

E씨(52세, 대기업 마케팅 팀장)는 투자에 대한 이해 부족으로 고위험 투자에 손실을 입었고, 이후 금융 공부와 전문가 상담을 통해 투자 전략을 재정비하는 중이다.

한국보건사회연구원에 따르면 2024년 기준으로 소득 부족을 경험하는 중장년층은 65%를 넘는 것으로 나타났다. 또한 KB금융지주경영연구소의 '2024 KB 은퇴보고서'에 따르면 중장년층의 70%는 은퇴 준비 부족으로 인해 노후 자산 부족을 우려하고 있다.

이러한 상황을 극복하기 위한 방법은 명확하다.

첫째, 가계부를 작성해 수입과 지출을 체계적으로 관리한다.
둘째, 투자 교육을 통해 안정적인 투자처를 발굴한다.
셋째, 비상금을 확보해 예상치 못한 상황에 대비한다.
넷째, 소득 다각화와 절세 전략을 적극 활용한다.
다섯째, 건강보험과 실손보험으로 건강 리스크에 대비한다.

은퇴 준비가 부족한 이들을 위한 현실적인 실천 방안은 다음과 같다. 먼저 가계부를 작성하고 지출을 관리하여 불필요한 소비를 줄여야 한다. 둘째, 최소 6개월치 생활비를 비상자금으로 마련해

갑작스러운 상황에 대비해야 한다. 셋째, 은퇴 후에도 안정적인 소득을 유지할 수 있도록 파트타임 일자리나 취미를 활용한 수익 창출 방안을 고려해야 한다. 넷째, 투자 교육과 전문가 상담을 통해 금융 이해도를 높이고, 안정적인 투자 전략을 수립하는 것이 중요하다. 마지막으로 건강 관리는 무엇보다 중요하다. 건강한 생활 습관을 유지하고, 적절한 보험상품을 통해 의료비 지출을 줄일 수 있도록 대비해야 한다.

재무 점검 체크리스트

✔ 자산 목록 작성
- 내 명의로 된 예금, 적금, 현금성 자산을 모두 파악하고 있다.
- 소유한 부동산(주택, 토지 등)의 시세와 지분 비율을 알고 있다.
- 주식, 펀드, ETF 등 금융 자산의 현재 평가 금액을 확인하고 있다.
- 자동차, 귀중품 등 기타 자산의 가치를 인지하고 있다.

✔ 부채 목록 작성
- 보유한 모든 대출(주택담보대출, 신용대출 등)의 잔액을 확인하고 있다.
- 신용카드 미결제 금액과 결제일을 파악하고 있다.

- 가족 명의로 된 대출이나 보증 여부를 확인했다.
- 대출 금리 및 상환 계획(만기일, 상환액 등)을 명확히 알고 있다.

✔ 순자산 계산
- 총자산(모든 보유 자산)의 합계를 계산해 봤다.
- 총부채(모든 대출 및 미결제 금액)의 합계도 파악했다.
- 순자산(총자산 - 총부채)의 금액을 정확히 알고 있다.
- 순자산의 증감 여부를 최근 1년 내 확인했다.

✔ 수입 및 지출 분석
- 매월 고정 수입(월급, 임대료, 연금 등)의 총액을 알고 있다.
- 매월 고정 지출(주거비, 보험료, 공과금, 생활비 등)을 파악하고 있다.
- 불규칙한 지출(여행, 경조사비 등)의 연간 평균 금액을 알고 있다.
- 가계부나 앱을 통해 최근 3개월간의 수입과 지출 내역을 관리하고 있다.

✔ 미래 지출 예상
- 자녀 교육비, 결혼자금 등 향후 5~10년 내 예상 지출을 계산

해 봤다.
- 은퇴 후 생활비로 매월 필요한 금액을 구체적으로 추정했다.
- 의료비 및 요양비 등 건강 관련 지출도 예상해 봤다.
- 부모님 부양이나 기타 가족 지원 비용도 고려했다.

✔ 보험 및 연금 확인
- 본인의 보험(건강보험, 실손보험, 종신보험 등)의 보장 내용과 가입 여부를 알고 있다.
- 개인연금, 퇴직연금(IRP, DC/DB 등)의 예상 수령액을 확인했다.
- 보험료 납입 기간과 만기, 보험금 청구 요건을 점검했다.
- 불필요하거나 중복된 보험이 있는지 확인해 봤다.

✔ 투자 포트폴리오 점검
- 현재 보유 중인 투자 자산이 고위험과 저위험으로 어떻게 구성되어 있는지 알고 있다.
- 투자 상품별 수익률과 손실 여부를 최근 6개월 이내 확인했다.
- 투자 목표(수익률, 기간, 리스크 수준)를 명확히 설정했다.
- 필요시 금융사나 자산관리사 등 전문가와 상담한 적이 있다.

✔ 은퇴 목표 설정

- 은퇴 시점과 퇴직금, 연금 수령 시점을 설정했다.
- 은퇴 후 원하는 생활 수준을 구체적으로 계획했다.
- 은퇴 후 필요한 총생활비와 자산 소진 계획을 수립했다.
- 은퇴 이후에도 추가 소득원이 필요하다는 점을 인식하고 있다.

이와 같은 방법과 체크리스트를 기반으로 체계적인 재무 관리를 시작하면, 은퇴 이후에도 경제적 안정성을 높일 수 있다.

중년은 새로운 기회를 탐색하고 안정적인 미래를 준비하기에 적합한 시기이다. 재력과 재무 관리를 균형 있게 설계하여 건강하고 만족스러운 노후를 준비하자.

[경력로드맵 작성(1년단위)]

월	1~2개월차	3~4개월차	5~6개월차	7~8개월차	9~10개월차	11~12개월차
1단계	내 경험 진단 및 강점 도출	경험 기반 콘텐츠 기획	시장조사 및 콘텐츠 세부화	-	-	-
2단계	강의안 초안 작성 컨설팅 타깃 및 서비스 패키지 설계 저술 테마 및 목차 기획	파일럿 강의 실시 및 피드백 수집 파일럿 컨설팅 (1:1, 그룹 코칭) 샘플 원고 작성 및 출판사 컨택	강의안 보완 및 포트폴리오 구축 컨설팅 서비스 정식 론칭 초고 집필 시작	평생교육원/기업 강의 제안서 배포 신규 컨설팅 계약 추진 초고 완성 및 출판 계약	강의 계약 및 본격적인 강의 활동 정기컨설팅 프로그램 개발 및 장기계약 확보 출간 준비 및 출판 마케팅	대형 강의 수주 및 신규 강의 프로그램 개발 컨설팅 고객사 대상 맞춤형 솔루션 개발 책출간 및 서적 기반 강의·컨설팅 마케팅 강화
3단계	브랜드 정의 및 개인 프로필 정비(SNS, 블로그)	업계 네트워킹 (세미나, 포럼 참석)	네트워크 내 파일럿 강의 및 컨설팅 기회 탐색	업계 내 평판 구축(추천서, 후기 확보)	네트워크 확장 (출판사, 대기업 HR, 교육기관 등)	멘토링·커뮤니티 조직, 개인 브랜드 강화
4단계	-	소규모 유료 강의/컨설팅 파일럿 운영	정식 강의/컨설팅 계약 체결	수익 모델 다각화(유료 워크숍, 코칭 등)	대외활동 확대 (인터뷰, 팟캐스트, 리포트기고 등)	디지털 상품화 추진(온라인 강좌, 멤버십 서비스 등)
5단계	-	-	-	온라인 강의/전자책 기획	디지털 서비스 (온라인 과정, 코칭 패키지) 론칭	강의·저술·컨설팅 시너지 극대화 및 글로벌 확장 준비
지속학습	최신 트렌드 학습 및 기술 보완(IT, AI, 디지털 역량)	콘텐츠 트렌드 조사 및 벤치마킹	사례 연구 및 전문성 강화 과정 참여	디지털 마케팅, 퍼스널 브랜딩 강좌 수강	고객 피드백 반영한 프로그램 업그레이드	신규 서비스 개발 및 장기 성장 전략 수립

PART 4

새로운 길을
개척하는 방법

1
'직업'이 아닌 '가치'를 중심으로 생각하라

◆

　중년 이후의 경력 관리는 '직업'이 아니라 '가치'를 중심으로 설계해야 한다. 직업은 언제든지 바뀔 수 있다. 경제 위기, 건강 악화, 구조조정 등 외부 변수는 항상 존재한다. 그러나 나의 가치, 경험, 그리고 인간관계(네트워크)는 시간이 지나도 유지된다. 이제는 '어떤 직업을 가질 것인가'보다 '내가 어떤 가치를 창출할 수 있는가'를 고민해야 한다. 과거의 경험을 재해석하고, 단순히 '일'이 아니라 '영향력'에 집중해야 한다. 조직의 목표에 자신을 맞추던 방식에서 벗어나, 나의 신념과 철학을 바탕으로 사회에 기여하는 방식으로 전환해야 한다.

　가치 중심의 경력 설계는 다양한 형태로 가능하다. 강의, 자문, 글쓰기, 코칭, 봉사 등의 활동을 통해 자신의 경험을 확장할 수 있다. 이를 위해 '나만의 키워드'를 정의하는 작업이 필요하다. 예를 들어, "HR 전문가"에서 "중년 경력 전환 코치"로, "기업 임원"에서 "트렌드 분석가"로 정체성을 전환할 수 있다.

나 역시 28년간 외국계 기업의 인사 담당 임원으로 일했다. 이후 박사학위를 취득하며 'CAREER@知'라는 브랜드로 커리어 관련 활동을 시작했고, 현재는 대학교 경력개발처의 특임교수로 재직 중이다. 박사 학위는 기존 경력을 확장하는 데 중요한 전환점이 되었으며, 나의 전문성과 역할을 새로운 무대로 연결해 주는 발판이 되었다.

중년 이후 경력의 핵심은 '승진'이 아닌 '확장'이다. 직장에서 쌓은 역량을 바탕으로 더 넓은 사회적 무대로 나아가야 한다. 제2의 인생은 단순히 생계 유지가 아니라 '의미'와 '지속 가능성'을 함께 고려하는 삶이어야 한다. 경력 초기에는 직급과 연봉이 주요한 기준이었지만, 지금은 사회적 영향력과 개인적인 보람이 더 큰 가치를 갖는다.

나는 직장 생활을 하면서 총 4개의 석사 학위를 취득했다. 인사조직 전공의 경영학, 노사관계, HRD(교육학), 그리고 문학을 바탕으로 한 예술기획까지 융합적인 학습을 이어 왔다. 퇴근길 지하철 안에서도 책을 읽고 과제를 하며 학업과 일을 병행했다. 그래서 스스로를 '지하철 석사(Metro degree)'라고 부르기도 했다. 이러한 배움은 결국 박사 학위로 이어졌고, 나의 커리어를 새로운 차원으로 확장하는 계기가 되었다.

또한, 커리어에서 중요한 또 다른 요소는 '네트워크'이다. 나는 대학교에서 인사직무 특강을 계기로 점차 네트워크를 확장해 나갔다. 지식과 관계는 새로운 기회의 씨앗이 되며, 중년 이후 커리어의 지속 가능성을 높이는 자산이 된다.

미국 갤럽의 2023년 보고서에 따르면, 중년 이후 직업 만족도에 가장 큰 영향을 미치는 요소는 '가치 실현'인 것으로 나타났다. 급여나 직책보다, '내가 일에서 의미를 찾을 수 있는가'가 만족도를 좌우한다고 한다. 하버드 비즈니스 리뷰(HBR)도 2024년 연구에서 '가치 중심의 경력'이 중년 이후의 고용 가능성과 커리어 지속성에 긍정적인 영향을 미친다고 밝혔다. 특히 가치 중심의 사고방식을 가진 사람일수록 경력 후반부에도 사회적 기여와 개인적 성취를 동시에 이루는 비율이 높았다.

실제 사례에서도 이러한 흐름을 확인할 수 있다.

A씨(52세, IT 기업 부장)는 대기업에서 조기 퇴직 후, 비영리기관에서 디지털 역량 멘토로 활동하고 있다. IT 경험을 바탕으로 청소년에게 코딩 교육을 제공하며 디지털 격차 해소에 기여하고 있다.

B씨(55세, 의료기기 회사 영업 임원)는 퇴직 후 헬스케어 스타트업을 창업해 고령층을 위한 의료 서비스 플랫폼을 개발하고 있다. 직업은 바뀌었지만 '헬스케어로 사람을 돕는다'는 가치를 이어 가고 있다.

C씨(50세, 은행 지점장)는 퇴직 후 지역 대학에서 금융 강의를 하며, 후학 양성과 지역 커뮤니티의 재정 상담 활동도 병행하고 있다.

D씨(53세, 제조업 품질관리 전문가)는 중소기업 컨설턴트로 전향해, 품질 개선과 생산 프로세스 개선에 기여하고 있다.

E씨(56세, 외국계 기업 마케팅 임원)는 퇴직 후 사회적 기업의 마케팅 담당으로 활동하며, 브랜드 전략 경험을 바탕으로 사회적 가치 창출에 이바지하고 있다.

이처럼 중년 이후의 커리어는 직업이 아닌 '가치'를 중심으로 재설계해야 한다. 생계를 위한 일이 아닌, 자신이 가진 경험과 지식이 세상에 어떤 기여를 할 수 있는지를 고민하는 것이 중요하다.

우선, '나만의 가치'를 발견하는 것이 출발점이다.

✓ 내가 중요하게 여기는 가치는 무엇인가?
✓ 어떤 일을 할 때 가장 보람을 느꼈는가?
✓ 내 경험과 지식이 사회에 어떤 긍정적 영향을 줄 수 있는가?

이러한 질문들을 스스로에게 던지고, 그 답을 바탕으로 새로운 경력 전략을 세워야 한다. 멘토링, 컨설팅, 강의, 자문, 비영리 활동 등 다양한 방식으로 확장할 수 있으며, 무엇보다도 중요한 것은

'직함'이 아닌 '영향력'이다. 직장 명함이 아닌 '내 이름'으로 남는 일을 해야 한다.

이와 함께, 평생학습과 네트워크는 필수 요소이다. 새로운 기술과 지식을 배우고, 다양한 사람과 연결되어야 한다. 책을 쓰거나, 강연을 하거나, 프로젝트를 기획해 '나'라는 이름을 브랜딩해 나가는 것도 좋은 전략이다. 중년 이후 커리어는 더 이상 돈만을 위한 것이 아니다. '삶의 의미'를 더하는 과정이어야 하며, "나는 어떤 가치를 제공하는 사람인가?"라는 질문에 자신 있게 답할 수 있어야 한다.

나의 경우, 앞서 말했듯이 직장 생활 중 4개의 석사학위를 취득했고, 퇴직 후에는 경력개발을 주제로 박사학위를 받았다. 내가 정의한 나만의 키워드는 "엣지 있게 경력을 디자인하는 사석일박(四書一博) 디자이너"이다.

'CAREER@知'라는 이름으로 상표 등록도 완료했고, 네이버 블로그와 링크드인에서 나를 꾸준히 브랜딩하고 있다.

중년 이후에는 새로운 직업보다 '새로운 역할'이 중요하다. 기존의 경력과 자연스럽게 연결되는 의미 있는 역할을 찾아야 한다. 더 이상 '승진'을 목표로 할 시기가 아니라, 경력을 '확장'해야 할 시기이다. 내가 28년간 수행해 온 인사(HR) 영역을 포기하지 않았듯이, 기존 전문성을 확장해 대학교로 경력을 이어 왔다. 현재는 박사학위를 바탕으로 특임교수로 활동 중이며, 산학협력중점교수, 연구교수, 특임교수 등 다양한 방식으로 커리어를 확장할 수 있는 기회가 존재한다.

2019년 이화여자대학교 인문대학 특임교수로 첫 임용되었을 때, 면접은 교수님들 앞에서 다대일 방식으로 진행되었고, 박사학위는 필수 조건이었다. 연봉은 예상보다 훨씬 낮았지만, 나는 금전적 보상보다 의미 있는 일을 할 수 있는 기회로 받아들였다. 지금은 대학교에서의 교수 생활이 7년 차에 접어들었고, 보람과 감사함 속에서 일하고 있다.

현재의 교수직은 매년 재계약 방식이지만, 나는 성과를 내며 지속적으로 자리를 지켜가고 있다. 인생의 어느 시점에는 '보람'과 '의미'가 가장 큰 동기가 된다. 지금 돌이켜 보면, 내가 인생에서 가장 잘한 일은 '박사학위를 받은 것'이라고 생각한다.

결국, 나에게 가장 중요한 가치는 평생교육과 평생학습을 통한 '지속적인 성장'이었다. 나는 20대 후반부터 40대 후반까지 약 2~3년 간격으로 석사 과정을 밟았다. 직장 생활과 학업을 병행하며 스스로 부족한 점을 채우기 위해 노력했다. 이것이 곧 나의 경쟁력이 되었고, 나만의 가치를 실현할 수 있는 기반이 되었다.

이러한 가치 중심 경력 설계의 중요성은 '서울시50플러스 센터'

의 2022년 보고서 〈중장년 생애설계 준비지표〉에도 잘 나타나 있다. 보고서에 따르면, 가치 중심 경력을 실천하는 사람들의 공통점은 다음과 같다.

경력 역량 개발: 이들은 자격증 취득, 직업 훈련, 새로운 기술 학습 등 지속적인 자기개발을 통해 고용 가능성과 적응력을 높이고 있다.

생애 재설계 준비: 자산, 건강, 여가, 인간관계 등 다방면에서 삶의 질을 높이기 위한 전략을 수립하고 있다.

사회적 관계망 형성: 멘토링, 봉사활동, 동호회 등을 통해 사회적 고립을 방지하고, 삶의 만족도를 향상시키고 있다.

유연한 경력 전환: 기존 경력을 기반으로 새로운 역할이나 직무로 자연스럽게 이동하며 경력의 다양성을 확보하고 있다.

이처럼 중년 이후의 삶은 단절이 아닌 확장이며, 경력은 소멸이 아니라 전환의 기회가 되어야 한다. 핵심은, 내가 누구인지보다 무엇을 세상에 기여할 수 있는 사람인지를 고민하는 데 있다.

2
브랜드가 되는 나만의 경쟁력 만들기(CAREER@知)

◆

오늘날, 개인 브랜드는 중년 이후 커리어 전환에서 필수적인 경쟁력이다. 이제 브랜드는 단순한 자기 PR을 넘어서 생존 전략이 되었다. 브랜드란 자신만의 가치를 명확히 정의하고, 그것을 세상에 일관되게 알리는 과정이다. 이는 나의 철학과 강점을 구체화하여 '나는 누구인가'를 세상에 전달하는 일이다.

브랜드 구축의 첫 번째 단계는 자신의 고유한 가치를 정의하는 것이다.

나는 무엇을 잘하는가? 무엇을 중요하게 여기는가?

강점과 경험, 철학을 바탕으로 내가 세상에 제공할 수 있는 독특한 가치를 구체화해야 한다. 문제 해결 능력, 리더십, 창의력, 실행력 등 과거의 다양한 경험 속에서 나만의 역량을 정리하고, 성공 사례, 특별한 프로젝트, 극복한 위기 등을 통해 차별화된 스토리의 기반을 마련한다.

두 번째는 타깃을 명확히 설정하는 일이다.

나의 브랜드가 누구에게 도움이 되는가? 누구의 문제를 해결할 수 있는가?

예를 들어, 직장 내 리더십을 강조한다면 팀장이나 관리자급 직장인이 주요 대상이 된다. 경력 관리를 주제로 한다면, 직장인 전반이 타깃이 될 수 있다. 브랜드는 고객의 관점에서 정의해야 하며, 타인의 니즈를 충족시키는 데 초점이 맞춰져야 한다.

세 번째는 해결 가능한 문제를 구체화하는 것이다.

고객은 내가 가진 경험과 역량으로 어떤 문제를 해결할 수 있는지를 궁금해한다. 브랜드의 진정한 가치는, 고객의 현실적인 문제를 해결하는 데서 드러난다. 고객의 니즈를 명확히 설정하고, 내가 제안할 수 있는 해법을 정리하는 것이 중요하다.

네 번째는 나만의 스토리를 만드는 것이다.

브랜드의 핵심은 결국 스토리텔링이다. 공감할 수 있는 이야기가 브랜드의 힘을 키운다. 대개 성공보다 어려움을 극복한 스토리가 더 강한 인상을 남긴다. 진정성 있는 경험을 바탕으로, 나만의 서사를 구성해야 한다.

다음은 브랜드를 삶에 접목시킨 사례들이다.

A씨(48세, IT컨설턴트)는 40대 중반 대규모 구조조정 속에서 살아남은 위기 대응 경험을 스토리화하여, 현재는 '위기관리 전문가'로서 새로운 커리어를 이어 가고 있다.

B씨(55세, 제조업 영업이사)는 실패와 재도전의 경험을 통해 '회복탄력성'을 브랜드로 삼아, 은퇴자 대상 경력 관리 코치로 활동하고 있다.

C씨(42세, 스타트업 창업자)는 10번의 창업 실패를 딛고 11번째 창업에 성공한 경험을 바탕으로, 실패를 극복한 스토리를 강연과 멘토링에 활용하고 있다.

D씨(47세, 프리랜서 마케터)는 다국적 기업의 경력을 바탕으로 '글로벌 커뮤니케이터'로 포지셔닝하며, 다문화 마케팅 전략을 특화한 브랜드를 구축했다.

E씨(57세, 글로벌 IT기업 대표) 우미영 씨는 '완벽하면 늦는다'는 신념으로, 밀레니얼 세대와 직장인의 고민을 나누는 유튜브 채널 '어른친구'를 운영하고 있다. 한국마이크로소프트, 델소프트웨어, 시트릭스시스템즈, 어도비코리아 등 글로벌 기업에서 요직을 맡았고, 현재는 작가이자 세일즈 코치로 자신만의 브랜드를 만들어 가고 있다. 『나를 믿고 일한다는 것』, 『리더는 항상 옳다』를 출간하며 리더십 브랜드를 확장 중이다.

브랜드의 필요성은 여러 보고서에서도 입증되고 있다. 글로벌 인재 컨설팅 기업 링크드인의 2024년 보고서에 따르면, 브랜드가 명확한 개인은 27% 더 많은 커리어 기회를 가진다. PwC의 조사에서도 전문가의 65%가 '브랜드 구축'이 경력 전환의 필수 요소라고 답했다.

브랜드 전략에서 가장 중요한 두 가지는 일관성과 지속성이다. 다양한 플랫폼에서 동일한 메시지를 유지해야 한다. 온라인 프로필, 블로그, SNS, 강의 등 모든 채널에서 나의 브랜드 메시지를 통합적으로 전달하는 것이 중요하다.

나는 'CAREER@知'라는 이름으로 네이버 블로그와 링크드인에 콘텐츠를 정기적으로 올리며 브랜드를 운영 중이다. 블로그는 시작한 지 얼마 되지 않았지만, 현재 구독자는 13,000명에 달하고 있다. 링크드인에서는 7,000명이 넘는 사람들과 1촌 관계를 맺고 있으며, 일주일에 한 번은 꼭 콘텐츠를 게시하고 있다. 콘텐츠 주제는 경력 관리, 커리어 스토리, 전환 전략 등으로, 브랜드의 핵심 키워드인 '경력(CAREER)'에 집중하고 있다.

네트워크는 브랜드 확장의 핵심 도구이다. 오프라인에서 신뢰를 쌓고, 온라인에서는 콘텐츠를 통해 신뢰를 확장해 간다. 학교에서 비교과 프로그램을 기획하면서 기업인의 재능기부를 연결하여 CAREER@知라는 이름의 방학 취업 프로그램도 운영하고 있다. 브랜드명을 프로그램명에 그대로 적용하여, 브랜드의 일관성을 유지하고 있다.

브랜드는 정체되어 있지 않다. 항상 확장과 성장을 전제로 해야 한다. 변화하는 환경에 맞춰 메시지를 조정하고, 새로운 프로젝트에 도전하며 브랜드의 깊이를 더해야 한다. 나는 이번 책 집필도 CAREER@知 브랜드 확장의 일환으로 시작했다. 기업에서의 28년과 대학교수로서의 7년을 바탕으로, 학생과 중년층 모두에게 실질적인 경력 관리 사례를 제공하고 싶었다.

나는 현재까지 4개의 석사와 1개의 박사 학위를 취득했다. 그래서 '사석일박(四碩一博)'이라는 별칭으로 불리기도 한다. 이 역시 브랜드를 차별화하는 데 도움이 된다. 브랜드를 만들기 위해서는 디지털 플랫폼의 활용도 필수이다. 나는 링크드인과 블로그를 주력 채널로 삼아, 글로벌하게 브랜드를 운영 중이다.

브랜드의 본질은 차별화된 콘텐츠와 스토리에 있다. 이는 기억에 남고, 신뢰를 얻으며, 새로운 기회를 만든다. 개인 브랜드는 단순한 마케팅이 아니다. 자신의 가치와 역량을 정리하고, 고유한 메시지를 지속적으로 전달하는 전략이다.

브랜드 구축의 단계는 다음과 같다.

첫째, 나만의 가치를 정의한다. 내가 무엇을 중요하게 여기며, 어떤 강점과 철학을 가졌는지를 구체화한다. 둘째, 강점을 파악한다. 문제 해결력, 리더십, 창의력, 추진력 등 과거 경험에서 나온 역량을 정리한다. 셋째, 가치관과 목표를 명확히 하여 브랜드 방향성을 설정한다. 넷째, 타깃 오디언스를 분석하고, 내가 해결할 수 있는 니즈를 구체화한다. 다섯째, 스토리를 만든다. 특히, 도전과 극복의 과정은 강력한 브랜드 자산이 된다.

브랜드 메시지는 모든 플랫폼에서 일관성 있게 유지되어야 한다. 나는 블로그와 링크드인에 일주일에 한 번 콘텐츠를 올려, 온라인 활동을 통한 신뢰 구축을 실천하고 있다. 또한, 나의 스토리는 사람들에게 공감을 줄 수 있는 실질적인 경험 기반이다. 술자리를 자주 하지 않고, 개인적인 시간을 확보하며 평생학습 환경을 조성한 것도 나만의 브랜드를 만드는 방식이었다.

브랜드는 네트워크를 통해 확장된다. 소셜미디어 활동은 오프라인 네트워킹을 강화하며, 멘토링과 협업을 통해 유사한 관심을 가진 사람들과 신뢰를 형성할 수 있다. 나는 지인의 경력 스토리를 블로그와 링크드인에 소개하며 그들의 브랜드도 알리고, 동시에 내 브랜드도 확장하고 있다.

모든 SNS 채널에서 나는 CAREER@知라는 동일한 브랜드명을 사용한다. 이 명칭은 나의 학습 기반 경력과 브랜드 철학을 함께 담고 있다. 책을 집필하고 강연을 이어 가는 것도 브랜드 가치를 강화하는 과정이다. 피드백을 수용하고 끊임없이 개선하며, 변화 속에서도 나만의 핵심 메시지를 지켜 가는 것이 중요하다.

회사를 떠난 순간부터, 나는 '윤경희'라는 이름으로 나만의 브랜드를 만들어 가야 했다. 디지털 플랫폼은 이 여정의 필수 도구이다. 링크드인, 인스타그램, 블로그 등 다양한 채널에서 콘텐츠를 제작하며, 전문성을 강조하고 있다. 온라인 강의를 통해 지식과 경험을 전하는 것도 브랜드 가치를 높이는 효과적인 방법이다.

결국, 브랜드는 '스토리'이며 '경쟁력'이다. 나의 강점과 가치를 정리하고, 이를 기반으로 일관된 메시지를 지속적으로 전달해야 한다. 나의 핵심 키워드는 '경력'이며, 이를 통해 의미 있고 재미있는 삶을 설계해 나가고 있다.

[제2의 경력 전환을 위한 나만의 경쟁력(브랜드) 만들기]

단계	실행 방법	구체적 실행 방안	추천 도구/사례	비고
1	자기 진단 및 강점 분석	MBTI, 스트렝스파인더, 성공 경험 분석 및 핵심 역량 정리	MBTI, StrengthsFinder 사례: GE 임원 '리더십+전략 실행력'	브랜딩 기초
2	브랜드 컨셉 설정	'나는 누구인가?' 정의, 키워드 도출, 슬로건·비전 작성	Brand Key Model, Golden Circle 사례: 마케팅 전문가 '고객 중심 마케팅 전도사'	메시지 차별화
3	포지셔닝 전략 수립	타깃 고객 정의, 경쟁자 분석, USP 명확화	SWOT 분석, 포터의 5 Forces 사례: 인사부 출신 → '조직문화 컨설턴트'	시장 위치 선정
4	온라인 브랜딩 강화	LinkedIn 최적화, 블로그 운영, 웹사이트 제작	LinkedIn, Notion, WordPress, 브런치 사례: IT PM 블로그 운영으로 프로젝트 수주	디지털 신뢰 구축
5	네트워킹 및 커뮤니티 활동	협회·포럼 참가, 온라인 커뮤니티 활동, 1:1 멘토링	Meetup, Eventbrite, Toastmasters 사례: HR 전문가 협회 활동으로 코칭 기회 확보	관계 통한 기회
6	퍼스널 마케팅 실행	강의·웨비나 개최, 저서 출간, 언론·팟캐스트 출연	Canva, Youtube, 브런치 사례: CEO 출신 기업가정신 강연	브랜드 확산
7	피드백 및 브랜드 리빌딩	정기 피드백 수집, 활동 모니터링, 트렌드 반영 재정비	Google Forms, NPS, Mentimeter 사례: 코치가 '디지털 전환' 주제로 콘텐츠 확장	지속적 개선

3
경험을 자산화하는 법 - 강의, 컨설팅, 저술 도전

◆

중년 이후의 경력 관리는 단순히 기존 직장 생활을 유지하는 것으로는 충분하지 않다. 이 시점부터는 자신이 축적해 온 경험과 역량을 어떻게 자산화할 것인지가 핵심이 된다. 강의, 컨설팅, 저술은 이를 실현할 수 있는 대표적인 방법이다.

경험을 체계화해 타인에게 전달하는 활동이 바로 강의이다. 대학교, 기업 교육, 공공기관 등 다양한 영역에서 강의 기회가 있으며, 이를 위해서는 자신의 전문성을 정리하고 강의 포트폴리오를 준비해야 한다. 평생교육원이나 연수원과 같은 기관에서 활동할 수 있는 기회를 적극적으로 탐색하고, 신뢰받는 강사로 자리 잡기 위해서는 관련 분야의 네트워크를 활용하는 것도 중요하다.

컨설팅은 특정 문제를 해결하기 위해 자신의 경험과 전문성을 제공하는 활동이다. 기업 또는 개인의 문제를 해결하는 데 도움을 줄 수 있으며, 컨설팅의 범위와 대상을 명확히 설정해야 한다. 자신이 경험한 프로젝트나 사례를 정리하여 전문성을 증명하고, 고객의 니즈에 맞는 컨설팅 서비스를 구성하는 것이 필요하다.

저술은 지식과 경험을 콘텐츠로 전환하는 과정이다. 실용서나 에세이 등 자신에게 맞는 방향을 정하고 글쓰기 습관을 형성하는 것이 출발점이 된다. 블로그나 SNS를 통해 꾸준히 콘텐츠를 생산하고, 이를 기반으로 출판사에 기획서를 제출하거나 전자책이나 자비 출판을 시도할 수도 있다.

이 세 가지 활동은 상호 유기적이다. 강의를 통해 만든 자료가 책의 소재가 되고, 출간된 책은 컨설팅의 신뢰도를 높이는 역할을 한다. 강의에서 출발해 저술과 컨설팅으로 확장하거나, 반대로 책 출간을 통해 강의와 자문 기회를 넓히는 등 다양한 방향으로 확장할 수 있다. 따라서 단순한 구상에 그치지 않고, 단계적으로 실행 계획을 세워 실천해 나가는 것이 중요하다. 이는 중년 이후 새로운 커리어를 위한 확실한 기반이 되며, 경력 자산화를 통해 지속적인 성장과 안정적인 미래를 설계할 수 있다.

실제 사례를 통해 자산화의 가능성을 살펴보면 다음과 같다.

A씨(54세, 제조업 인사 담당 임원)는 30년간 제조업에서 인사 전문가로 일한 경력을 바탕으로 은퇴 후 HR 관련 강의를 시작했다. 이후 HR 컨설팅 회사에서 기업 대상 워크숍을 진행하고, 최근에는 중년 경력 관리에 대한 책을 출간하며 강의, 컨설팅, 저술을

모두 병행하고 있다.

B씨(51세, IT기업 프로젝트 매니저)는 다양한 프로젝트를 성공적으로 수행한 경험을 기반으로 디지털 전환 컨설팅을 시작했다. 기업 대상 강의와 더불어 실전 사례집을 출판하며 강의와 컨설팅 요청이 점차 늘고 있다.

C씨(56세, 금융권 지점장)는 20년 이상 금융권에서 근무한 뒤, 퇴직 후 금융소비자 보호 교육 프로그램을 개발했다. 현재 대학과 평생교육원에서 금융 관련 강의를 진행 중이며, 최근에는 금융교육 전문 컨설턴트로도 활동하며 전문성을 확장하고 있다.

D씨(58세, 유통업 영업본부장)는 퇴직 후 중소기업을 대상으로 영업 전략 컨설팅을 시작했고, 영업 리더십 강의도 병행하고 있다. 현장 경험을 담은 책을 출간한 이후 강의와 자문 요청이 증가하고 있다.

E씨(53세, 공공기관 정책 담당)는 정책 수립과 실행 경험을 바탕으로 지역 사회 리더십 관련 강의를 진행하고 있으며, 공공기관과 지자체를 대상으로 한 컨설팅도 수행하고 있다. 최근에는 '지역 사회 발전을 위한 정책 리더십'이라는 책을 출간하며 저술 활동까지 확장하고 있다.

나 역시 나의 경험을 기반으로 경력 자산화 기초 작업을 시작한 바 있다. 블로그를 만들기 위해 유튜브에서 관련 강의를 참고하며 직접 구축했고, 회사 퇴직 직후에는 서울대학교에서 인사 직무 특강을 진행한 것이 시작이었다. 이 특강을 계기로 대학교에서 강의와 특강 활동을 이어 가게 되었으며, 이를 통해 경력 자산화의 실질적 기반을 다지게 되었다.

나의 경우, 경험을 자산화하기 위해 짧게는 6개월, 길게는 12개월 이상이 소요되었다. 콘텐츠를 수익화하거나 시장에 진출하고, 디지털 확장까지 연결하는 데에는 대개 1년 이상의 시간이 필요했다. 책을 출간했다고 해서 곧바로 성공적인 결과로 이어지는 경우는 드물며, 결국 콘텐츠의 차별성과 타인의 관심이 있어야만 확장 가능성이 생긴다. 이후 9~12개월은 디지털 서비스와 퍼스널 브랜딩, 네트워크 강화를 통해 경험 자산화를 본격적으로 확장하고 고도화하는 단계가 된다.

맥킨지의 2023년 보고서에 따르면, 50대 이후 퇴직자의 62%가 경험을 활용한 비즈니스를 선호하며, 특히 지식 전달과 컨설팅 분야에서 높은 관심을 보였다. 하버드 비즈니스 리뷰(HBR)의 2024년 기사에서는 중장년층이 기존 산업에서 축적한 암묵지와 네트워크를 활용하여 강의와 컨설팅 시장에서 경쟁력을 갖추고 있다고 분석했다. 한국고용정보원의 2024년 '중장년 경력 전환 실태조사'에서도 강의(43%), 컨설팅(38%), 저술(19%) 순으로 경력 자산화 활동이 이루어지고 있다고 나타났다.

실행 방법은 구체적으로 다음과 같은 단계를 통해 정리할 수 있다.

첫째, 자신의 경력 속 성과를 정리하고 프로젝트 사례를 STAR 기법에 따라 문서화한다.

둘째, 전문성을 바탕으로 교육 콘텐츠를 구성하고 강의안, 사례 자료, 워크숍 자료 등을 체계적으로 준비한다.

셋째, 컨설팅 활동은 대상과 범위를 명확히 하고, 단기 컨설팅, 장기 멘토링, 워크숍 등 다양한 패키지로 구성한다.

넷째, 저술 활동은 블로그나 칼럼을 시작으로 전자책 출간이나 출판사 기획 제안 등으로 확장할 수 있다.

다섯째, 강의, 저술, 컨설팅을 조합하여 상호 시너지를 만들어 낸다.

여섯째, 디지털 역량도 함께 강화해야 한다. 콘텐츠 제작, 데이터 분석, AI 활용법 등 기술을 학습해 시장성과 전문성을 높여야 한다.

이제는 단순히 경험을 축적하는 것을 넘어서, 그것을 시장에 맞게 재구성하고 확장하는 일이 요구되는 시점이다. 경험을 콘텐츠로 바꾸고 지식 서비스로 발전시키는 일이 중년 이후 커리어의 중심이 되어야 한다. '경험 자산화'는 단순히 과거 경력을 회상하는 것이 아니라, 그것을 경제적 가치와 사회적 영향력으로 전환하는 일이다.

이러한 자산화는 자신의 경험과 노하우를 강의, 저술 같은 콘텐츠로 구조화하거나, 컨설팅과 멘토링처럼 서비스로 모델링하여 시장에 제공하고 수익화하는 과정을 포함한다. 즉, 회사 안에서만 활용되던 역량을 회사 밖에서 상품처럼 재구성해 새로운 커리어와 비즈니스 기회, 그리고 개인 브랜드로 발전시키는 것이다.

구체적으로는 실무에서 쌓은 노하우를 교육 프로그램, 책, 컨설팅 솔루션 등으로 변환하여 다른 사람에게 유용한 형태로 전달하는 것이다. 여기에 네트워크와 신뢰를 기반으로 새로운 기회를 창출하고, 기존의 인맥을 통해 사업을 확장하며, 지속 가능한 수익 모델로 발전시킬 수 있다. 이 과정에서 지식 콘텐츠, 강의료, 자문료 등 다양한 수익원이 생겨난다.

PwC의 'Workforce of the Future' 보고서(2024)는 중장년층의 경험 기반 활동이 비정형 경력 경로로 주목받고 있다고 전했다. 특히 50대 이상 은퇴자의 55%가 프리랜서 강의나 자문 시장으로 유입되고 있으며, 이는 시장 구조의 변화와 맞물려 지식 서비스 시장이 확장되고 있음을 보여 준다.

2023년 LinkedIn의 'Workforce Insights'에서도 중장년층 프로필

에서 '컨설턴트', '강사', '저술가'라는 타이틀이 전년 대비 34% 증가했다고 분석했다. 이는 기존 직무 경험을 기반으로 한 강의와 자문 활동이 점차 늘어나고 있음을 나타내며, 네트워크 중심의 지식 시장이 확대된 결과로 볼 수 있다.

하버드 비즈니스 리뷰의 2024년 조사에서는 '퇴직 후 성공적인 경력 전환자 500명'을 분석한 결과, 이들의 공통점은 모두 경험을 구조화해 타인에게 전달하는 능력을 갖추고 있다는 점이었다. 특히 '전문성 패키징'이라는 개념을 통해 경험을 정리하고, 이를 서비스나 콘텐츠로 전환한 사람들이 새로운 커리어에서 더 성공적인 결과를 이뤘다고 강조한다.

국내 고용노동부의 2024년 중장년 고용 동향에 따르면, 최근 3년간 중장년층 퇴직자의 41.2%가 강의, 컨설팅, 저술 등 경력 자산화 활동에 참여한 것으로 나타났다. 자영업(34.8%) 다음으로 '지식 서비스형' 활동이 27.5%를 차지했으며, 이는 중년 이후의 자산화 활동이 선택이 아닌 실질적인 전략으로 자리 잡고 있음을 보여준다.

결국, 지금은 중년 이후의 경험을 경제적 가치와 사회적 영향력으로 전환하는 전략을 갖춰야 할 때이다. 축적된 역량과 경험을 콘텐츠와 서비스로 재구성하고, 이를 통해 새로운 경력 기회를 창출하는 것이 앞으로의 생존 전략이자 성장 전략이 된다.

[경험 자산화 실행 가이드라인]

경험 자산화 실행 가이드라인 단계	주요 활동	세부 실행 항목
1단계: 경험 재정리	내 경험 진단	경력 목록화, STAR 기법으로 성과 구조화
	전문성 도출	강점 분야 도출, 시장 수요와 매칭
	콘텐츠 기획	강의/컨설팅/저술로 확장 가능한 핵심 주제 설정
2단계: 실행 전략 수립	강의 준비	강의안 작성, 파일럿 강의 진행, 강의 포트폴리오 구축
	컨설팅 준비	타깃 설정, 서비스 패키지 구성, 사례집 작성
	저술 준비	책/칼럼 테마 설정, 목차 작성, 샘플 원고 제작
3단계: 브랜딩/네트워크	개인 브랜드 구축	직함 정의, SNS/블로그 개설, 온라인 프로필 정비
	네트워크 확장	업계 행사 참석, 파트너 발굴, 기존 인맥 활용
	평판 관리	피드백 수집 및 개선, 추천사 및 성공 사례 공개
4단계: 시장 진출	파일럿 프로젝트	소규모 유료 강의/컨설팅 실시, 리뷰 및 추천사 확보
	정식 론칭	기업/교육기관 강의 및 컨설팅 계약 체결, 출판 추진
	수익 모델 확보	강의료, 자문료, 출판 수익 등 수익화 다각화
5단계: 확장 및 성장	시너지 구축	강의 → 저술 → 컨설팅의 연계 강화
	시장 확장	온라인 강좌, 멘토링, 그룹 코칭 등 디지털 상품 개발
	지속적인 학습	최신 트렌드 학습, 연 1~2회의 역량 강화 교육 참여

4
커뮤니티와 네트워크를 활용한 기회 창출

◆

　중년 이후, 새로운 커리어를 찾는 것은 단순한 구직 활동이 아니다. 이 시점에는 기존의 네트워크를 재정비하고, 새로운 커뮤니티를 적극적으로 활용해 기회를 스스로 창출해야 한다. 중년의 경력 전환은 이력서 한 장으로 해결되지 않는다. 나의 경험과 가치를 이해하는 사람들과 연결되고, 함께 성장할 수 있는 관계가 무엇보다 중요하다. 따라서 기존 인맥을 다시 돌아보고, 동시에 새로운 커뮤니티에 진입하여 네트워크를 확장하는 것이 필요하다.

　우선, 과거의 인맥을 점검하고 다시 관계를 활성화하는 것이 좋다. 예전 동료, 거래처, 고객 등과의 관계를 재정비하고 안부를 나누며 연결의 끈을 되살린다. 동시에 관심 있는 분야의 모임, 세미나, 온라인 커뮤니티 등에 참여해 새로운 인연을 만들어야 한다. LinkedIn, 페이스북 그룹, 카카오톡 오픈채팅과 같은 디지털 플랫폼을 통해 일상적인 교류를 유지하는 것도 효과적이다. 커뮤니티 내에서 관련 분야의 전문가 그룹에 가입하고, 정보와 아이디어를 나누며 협업 기회를 모색할 수 있다. 후배를 멘토링하거나 동료들과 피드백을 주고받는 방식으로도 관계의 깊이를 더할 수 있다.

오프라인 강연, 포럼, 네트워킹 이벤트에 참여해 직접 사람을 만나는 일도 중요하다. 네트워크는 인간관계를 넘어 새로운 형태의 일을 발견하는 통로가 된다. 단기 프로젝트, 프리랜서 컨설팅, 강의 등 유연한 일의 형태를 시도해 볼 수 있으며, 커뮤니티 내에서 리더십을 발휘해 영향력을 넓히는 것도 가능하다. 커뮤니티 운영진이나 행사 기획자, 패널로 참여하는 방식으로 자신을 알리고 입지를 다질 수 있다. 더 나아가 창업이나 코칭, 출판 등 새로운 비즈니스 모델을 구상할 수도 있다.

네트워크는 또 하나의 중요한 자산이기도 하다. 최신 정보와 트렌드를 빠르게 습득하고, 성장 산업과의 연결고리를 만들어 낼 수 있다. 팟캐스트, 뉴스레터, 온라인 포럼 등을 활용해 업계 동향을 파악하고, AI, ESG, 플랫폼 경제와 같은 분야의 기술이나 개념을 익히는 것도 필수적이다. 네트워크와 커뮤니티는 단지 정보를 얻는 통로가 아니라, 나를 성장시키는 중요한 장치이기도 하다.

커뮤니티 내에서 아이디어를 검증하고, 협력 프로젝트를 시도해 볼 수 있다. 파트너십을 구축하고, 소규모 창업이나 공동 활동으로 발전시키는 과정도 가능하다.

실제로 다음과 같은 사례들이 있다.

A씨(53세, IT서비스 기획자)는 퇴직 후 AI 관련 커뮤니티에서 스터디를 이끌며 AI 스타트업의 파트타이머로 참여했고, 이후 정식 컨설팅 계약으로 이어졌다.

B씨(55세, 금융업 지점장)는 기존 고객 네트워크를 활용해 부동산 자산관리사로 경력 전환에 성공했다.

C씨(50세, 교육컨설턴트)는 커뮤니티에서 활동하며 온라인 강의 플랫폼 공동 창업에 이르렀고,

D씨(58세, 제조업 영업부장)는 ESG 관련 커뮤니티를 통해 ESG 컨설턴트로 활동을 시작했다. E씨(52세, 광고기획자)는 SNS 창작 커뮤니티 참여를 계기로 콘텐츠 제작자로 전환하여 유튜브 채널을 운영하고 있다.

이처럼 커뮤니티와 네트워크는 단순한 만남을 넘어서 실질적인 기회의 장이 된다. 미국 하버드 비즈니스 리뷰(2023)는 중장년 커리어 성공의 요인을 네트워크의 양보다 질에서 찾았다. 특히 '약한 연결(weak ties)'에서 새로운 기회가 많이 발생한다고 설명했다. 느슨한 관계나 오랫동안 연락이 끊긴 지인이 오히려 더 유의미한 연결을 만들어 주는 경우가 많다. 서울시50플러스재단, 문화체육관광부의 '중장년 청춘문화공간' 등에서도 이러한 커뮤니티 활동

을 적극 지원하고 있으며, '시놀', '오뉴', '큐리어스'와 같은 플랫폼은 취미를 중심으로 사람들을 연결하며 새로운 가능성을 창출하고 있다.

이 과정에서 '브랜드가 되는 나만의 경쟁력'을 어떻게 만들 것인지도 함께 고민해야 한다. 2024년 맥킨지 보고서에 따르면, 중장년 커리어 전환 성공자의 핵심은 개인 브랜딩에 있었다. 직함이 아닌, 내가 가진 전문성과 강점을 토대로 나를 설명할 수 있어야 한다. AI, 데이터 분석, ESG와 같은 신기술을 습득하고, 커뮤니티 안에서 기여하는 사람으로 자리매김하는 것도 중요하다. 멘토링, 글쓰기, 강연, 프로젝트 리더십 등을 통해 신뢰와 인지도를 쌓고, 브랜드를 만들어야 한다.

나는 현재 숙명여자대학교 경력개발처에서 학생들의 진로 설계와 기업 연계 산학 프로그램을 기획하고 있다. 기업에서 커리어를 마무리한 지 8년이 지났지만, 내가 진행하는 프로그램은 여전히 네트워크를 통해 지속되고 있다. 내가 참여하는 모임에서 만난 사람들, 과거에 함께 일했던 동료들이 시간이 지나 의사결정권자가 되어 다시 연결되는 사례도 많다. 네트워킹은 우연이 아니라, 의도적으로 움직일 때 만들어지는 것이다.

나는 현재 3개의 커뮤니티에 적극적으로 참여하고 있다. 첫 번째는 국내외 기업 임원들이 함께하는 비영리단체 'WIN(Women in INnovation)'이며, 두 번째는 다양한 직군 전문가들이 모인 '여의도 동행봉사단', 세 번째는 숙명여대 졸업생 멘토링 그룹인 'SM 브릿지'이다. 이들 모임은 단순한 친목이 아니라 목적 있는 활동을 중심으로 운영된다. 임원 역할을 맡기도 하고, 행사에 꾸준히 참석하면서 적극적인 참여를 통해 관계를 확장하고 있다. 이 과정에서 비공식적인 만남도 자연스럽게 이어진다. 그렇게 만들어지는 '약한 연결'은 예상하지 못한 파트너십이나 협력으로 이어지는 경우가 많다.

 네트워킹을 통해 의미 있는 기회를 만들기 위해서는 몇 가지 전략이 필요하다. 첫째, 네트워크 활동의 목적을 명확히 해야 한다. 단순한 만남이 아니라 어떤 기회를 얻고 싶은지 목표를 설정해야 한다. 둘째, 먼저 상대에게 가치를 제공하는 태도를 갖는다. 도움을 주는 사람이 신뢰를 얻는다. 셋째, 약한 연결을 활용한다. 가까운 사이보다는 느슨한 관계에서 새로운 시각과 기회를 얻을 수 있다. 넷째, 일관된 자기 브랜드를 유지한다. 전문성과 강점을 명확히 전달하는 것이 중요하다. 다섯째, 피드백을 요청한다. 피드백은 관계의 깊이를 만들어 준다. 여섯째, 많은 사람보다 핵심 인맥과의 깊은 관계를 만들어야 한다. 일곱째, 단발성이 아닌 지속적인 활동이 중요하다. 여덟째, 글쓰기, 강연, 콘텐츠를 통해 나를 드러낸다. 아홉째, 모임에서 역할을 맡아 리더십을 발휘한다. 열 번째는 운도 기회의 일부로 만든다는 점이다. 많이 시도할수록 기회의 확률은 높아진다.

다만, 네트워크가 활발할수록 금전적 피해나 사기의 가능성도 함께 존재한다는 점을 간과해서는 안 된다. 동창회, 지역 커뮤니티, 친목 모임에서조차 불미스러운 사건이 발생할 수 있다. 따라서 다음과 같은 점들을 유념해야 한다. 첫째, 금전 이야기가 나오는 관계는 주의해야 한다. 둘째, 상대방의 과거 이력과 평판을 확인해야 한다. 셋째, 계약 없는 금전 거래는 절대 피해야 한다. 넷째, 커뮤니티 내 운영진의 이력과 구조의 투명성을 확인해야 한다. 다섯째, 과도한 친밀감을 빠르게 조성하려는 사람은 경계해야 한다. 여섯째, 금전적 의사결정 전에는 제3자의 의견을 들어야 한다. 일곱째, 개인 정보를 함부로 공개하지 말아야 한다. 여덟째, 수익 보장을 언급하는 사람은 반드시 의심해 봐야 한다. 아홉째, 절차와 회계가 불투명한 모임은 피해야 한다. 결론적으로, 신뢰는 관계에서 만들어지지만 판단은 행동과 구조를 기준으로 해야 한다.

성공적인 커뮤니티 활용을 위한 벤치마킹 사례도 있다. 첫째, 이벤트나 커뮤니티에서 먼저 주최자가 되어 주도권을 갖는 것이다. 김봉진 대표는 창업 전 디자인 커뮤니티에서 스터디와 세미나를 기획하며 리더로 자리매김했다. 둘째, 커뮤니티 내에서 전문가로 포지셔닝하는 것이다. 오프라 윈프리는 다양한 분야의 전문가들을 초청하며 커뮤니티 중개자 역할을 수행했다. 셋째, 글로벌 커뮤니티를 활용하는 전략이다. 일론 머스크는 실리콘밸리의 창업 커뮤니티에서 글로벌 인맥을 형성해 창업 기반을 만들었다. 넷째, 먼저 주는 사람이 되는 것이다. 김슬아 대표는 물류 노하우를 공유하며 네트워크를 구축했다. 다섯째, 오프라인과 온라인 활동을 병행하는 것이다. 안철수 대표는 벤처포럼과 온라인 커뮤니티를 함께 운영하며 신뢰를 쌓았다. 여섯째, 멘토-멘티 구조를 활용하는 것이다. 고 정주영 회장은 후배를 챙기며 관계를 비즈니스로 확장했다.

이런 사람들에게는 공통된 법칙이 있다. 커뮤니티에서 먼저 가치를 주고, 리더십을 확보하며, 다양한 커뮤니티를 병행해 관계를 확장하고, 약한 연결에서도 기회를 찾는다. 무엇보다도 관계를 지속적으로 유지하고 팔로우업하는 노력이 기반이 된다. 커뮤니티는 수동적으로 기대는 공간이 아니라, 내가 움직이고 기여해야 기회가 생기는 공간이다.

마지막으로, 네트워킹 대화법에 대한 팁도 있다. 첫째, 대화의 80%는 경청에 집중한다. 둘째, 상대의 이름을 2~3회 부르며 친밀감을 형성한다. 셋째, 칭찬은 구체적이고 사실 기반으로 한다. 넷째, 자신의 경험과 상대의 이야기를 연결해 공감대를 만든다. 이런 대화법을 활용하면 관계가 빠르게 깊어진다. 지금 당장 커뮤니티에서 첫 발을 내딛고, 관계 속에서 나의 새로운 가능성을 만들어 보자.

5
실패를 두려워하지 않는 도전 정신

✦

실패는 누구에게나 두려운 존재이지만, 동시에 가장 큰 배움의 기회이기도 하다. 도전은 언제나 성장의 출발점이며, 두려움에 머무른다면 새로운 기회는 결코 오지 않는다. 실패를 경험함으로써 배움이 생기고, 도전 속에서 우리는 스스로의 한계를 넘어설 수 있다. 실제로 성공한 많은 사람들도 반복된 실패를 거치며 그 자리에 도달했다.

스티브 잡스는 애플에서 쫓겨나는 실패를 겪었지만, 복귀 후 아이폰을 통해 전 세계를 변화시켰다. 조앤 K. 롤링은 '해리포터'를 출간하기 전까지 12번의 출판사 거절을 받았지만 끝까지 포기하지 않았고, 그 덕분에 전 세계적인 마법의 세계가 탄생할 수 있었다.

A씨(41세, IT 스타트업 대표)는 첫 창업에서 실패하며 투자금을 모두 잃었다. 그러나 이 경험을 발판 삼아 시장 분석과 고객 니즈에 대한 통찰력을 키웠고, 두 번째 창업에서는 빠르게 흑자 전환에

성공했다.

B씨(53세, 금융권 임원)는 신사업을 추진하는 과정에서 손실을 입었다. 그는 실패의 원인을 냉정하게 분석하고 이를 팀원들과 공유했으며, 이후 리스크 관리와 커뮤니케이션 전략을 강화한 덕분에 다음 프로젝트에서 성공적인 결과를 얻었다.

C씨(38세, 제조업 품질관리 담당)는 품질 문제로 대규모 리콜 사태를 겪었지만, 책임을 회피하지 않고 적극적으로 개선 작업에 착수했다. 이로 인해 고객 신뢰를 회복하고 업계에서 모범 사례로 인정받게 되었다.

D씨(45세, 콘텐츠 크리에이터)는 첫 유튜브 채널 운영에서 기대 이하의 결과를 얻었지만, 타깃 설정과 콘텐츠 전략을 재정비한 후 두 번째 채널을 통해 30만 명이 넘는 구독자를 확보하게 되었다.

E씨(29세, 패션 브랜드 창업자)는 첫 시즌 완판에 실패했지만, 고객 피드백을 철저히 분석하여 다음 시즌에는 매출이 두 배 이상 상승하는 결과를 얻었다. 이처럼 실패는 성공의 디딤돌이자 중요한 자산이다.

하버드 비즈니스 리뷰(2024)는 실패를 경험한 리더들이 그렇지 않은 리더보다 창의적인 문제 해결 능력이 32% 더 높다는 연구 결과를 발표했다. 미국 심리학회 또한 실패 경험이 회복탄력성과 스트레스 적응력을 향상시키는 데 긍정적인 영향을 준다고 밝혔다.

실패를 극복하는 데에는 몇 가지 핵심적인 습관이 필요하다. 첫째, 구체적인 목표 설정은 두려움을 줄이고 행동을 명확하게 만든다. 둘째, 작은 성공을 반복함으로써 자신감을 키울 수 있다. 셋째, 실패는 과정 중 하나일 뿐이며 영원한 낙인이 아님을 인식해야 한다. 넷째, 경험자와의 대화를 통해 시행착오를 줄이는 지혜를 얻을 수 있다. 다섯째, 실패 경험을 팀과 공유하면 집단의 용기와 학습이 증폭된다. 맥킨지(2023)는 실패를 공유하는 문화가 강한 조직일수록 지속 가능하고 혁신적인 성장을 이룬다고 분석했다.

실패는 피할 수 없는 일이다. 그러나 그것을 두려워할 이유는 없다. 자신을 돌아보고 원인을 분석한 후 빠르게 재도전하는 자세가 필요하다. 새로운 길은 언제나 실패의 저편에 존재한다. 도전의 가치를 믿고, 그 안에서 성장을 찾아야 한다.

2015년, 내가 샤넬을 떠난 이후 3개월 만에 박사 과정에 진학했을 당시도 도전의 연속이었다. 학업만으로는 생계를 유지할 수 없었기에 미국 컨설팅사 프로젝트에 참여하고, 대학 강의를 하며, 정부기관 면접을 보고, 평판조회 회사에서 보고서를 쓰는 등 다양한 일을 병행해야 했다. 과거 회사에 다닐 땐 매달 꼬박 월급이 들어왔지만, 이제는 내가 움직이지 않으면 수입이 발생하지 않는 프리랜서의 삶이었다.

　강의료조차 한 달이 지나야 들어오는 상황 속에서, 나는 처음으로 1년간 고정 수입 없이 생활하며 종합소득세 신고서를 받았을 때 회사 시절 연봉의 1/5 수준밖에 되지 않는 수입을 보고 큰 충격을 받았다. 그렇게 52세가 된 나는 박사 논문만을 남긴 채 프랑스계 위스키 회사로부터 예상보다 높은 조건의 제안을 받아 이직했다. 샤넬보다 더 높은 연봉, 회사 차량으로 제네시스, 골프장 회원권, 한 달 20일 근무 조건까지 모든 게 이상적으로 보였다.

　하지만 입사 후 한 달이 지나자 예상치 못한 상황들이 벌어지기 시작했다. 극도로 불신이 팽배한 조직 분위기, 모든 대화가 녹취되는 직장 환경, 노사 갈등으로 인한 끊임없는 법적 분쟁. 나와 맞지 않는 가치관, 신뢰 없는 조직문화는 내게 큰 스트레스를 안겼고 결국 반년도 채 지나지 않아 퇴사를 결정했다. 이 경험은 나의 경력 중 처음으로 '오점'처럼 느껴졌고, 이후 면접에서 이 퇴사 경험을 설명하는 것도 쉽지 않았다.

　그러나 돌이켜 보면 이 실패는 내 경력의 전환점이었다. 다시 마음을 다잡고 박사 논문 집필에 몰두했으며, 중단했던 직업상담사 2차 시험에 도전해 자격증을 취득했다. 이후 이화여자대학교 인문대학의 특임교수로 임용되며 다시 커리어를 시작했다. 급여는 낮았지만 주요 대학에서 새로운 커리어를 시작할 수 있다는 점에서 감사했다. 이 경험은 내 탄력 회복성과 긍정적인 태도의 힘을 다시금 깨닫게 했다.

그 실패의 시간을 이겨 냈기에 지금의 내가 있다. 실패는 커리어에 있어 단순한 낙오가 아니라 방향 전환의 기회가 될 수 있다. 마사 스튜어트는 내부자 거래로 수감되었지만 복귀 후 브랜드를 재건했고, 로버트 다우니 주니어는 알코올과 약물 문제를 극복하고 할리우드 정상에 섰다. 안젤리나 졸리는 배우에서 인권운동가와 감독으로 커리어를 확장했고, 제프 베조스는 닷컴버블 시절의 위기를 장기 전략으로 극복하며 아마존을 세계 최대 기업으로 성장시켰다.

넬슨 만델라는 27년간의 투옥 끝에 남아프리카공화국의 첫 흑인 대통령으로 선출되었으며, 인종 화해와 평화의 상징이 되었다. 이들의 공통점은 위기를 외면하지 않고 정면으로 마주한 태도, 자신을 재정의하는 능력, 장기적인 관점, 그리고 외부 네트워크와 지지를 바탕으로 다시 일어섰다는 것이다.

내가 경험한 프랑스계 주류회사에서의 짧은 재직은 나에게 있어 경력상 큰 실패였지만, 지금 돌이켜 보면 새로운 인생의 문을 연 터닝 포인트였다. 현재 나는 교수로 경력을 이어 가며 어느덧 7년차를 맞이하고 있다. 절박함과 장기적인 목표를 품고 주어진 기회에 감사하며 나아갔기에 가능한 일이었다. 실패가 있었기에 더 단단해질 수 있었고, 실패가 있었기에 지금의 내가 있다. 누구에게나 실패는 찾아오지만, 그 실패를 어떻게 바라보고 극복하느냐가 인생의 방향을 바꾸는 핵심이다.

6
아쉬운 소리 용기 있게 하기

◆

경력 전환은 혼자서 해결할 수 있는 일이 아니다. 특히 중년 이후의 전환은 더욱 그렇다. 이 시기의 변화는 자존심, 두려움, 거절에 대한 불안 등 복잡한 감정과 맞물려 더욱 어렵게 느껴진다. 하지만 현실적으로 새로운 기회를 만들어내기 위해서는 주변 사람들의 도움을 받는 것이 필수적이다. 실제로 많은 경우, 주변 인맥의 조언이나 소개, 추천이 경력 전환의 촉매제가 되곤 한다.

A씨(52세, 제조업 인사팀 팀장)는 퇴직 후 3개월 동안 스스로 일자리를 구해 보려 애썼지만 결과는 좋지 않았다. 결국 그는 전 직장의 상사에게 조심스럽게 연락했고, 그 소개를 통해 중견기업 인사부장 자리를 제안받았다. 용기 있게 요청한 것이 기회를 만든 셈이다.

B씨(49세, 금융권 영업관리자)는 긴 공백 끝에 지인의 소개로 업계 컨설팅 프로젝트를 맡게 되었고, 이를 계기로 계약직으로 커리

어를 재개할 수 있었다. 시작은 단지 "일이 있으면 알려 달라"는 한마디였다.

C씨(55세, IT서비스 기획자)는 SNS 플랫폼인 링크드인을 적극적으로 활용했다. 업계 선배에게 메시지를 보내 조언을 구했고, 멘토링을 통해 신사업 기획직으로의 이직에 성공했다. 온라인 네트워크 역시 요청을 전하는 강력한 도구가 된 것이다.

D씨(50세, 유통업 영업이사)는 평소 교류가 없던 대학 동문에게 연락해 이직 준비 중임을 전했다. 상대는 인사담당자를 소개해 주었고, 이 연결을 통해 빠르게 면접까지 이어질 수 있었다. 이 경험을 통해 그는 네트워크의 힘을 실감하게 되었다.

E씨(53세, 자동차 부품업 구매팀장)는 퇴사 전 거래 관계에 있던 협력사 임원에게 "컨설턴트로 일할 기회가 있다면 연락을 부탁드린다"고 간단히 말했다. 이 한마디가 계기가 되어 그는 실제 프로젝트 계약을 따내며 컨설팅업계로 진출했다.

이렇듯 작은 요청의 말 한마디가 인생의 방향을 바꾸는 기회가 된다. 도움을 청하는 법을 익히는 것이 경력 전환에서 매우 중요하다. 하버드 비즈니스 리뷰(HBR, 2023)에 따르면, 중년 이후 경력 전환에 성공한 사람들의 72%는 주변 사람들의 조언이나 추천을 적극 활용한 것으로 나타났다. 이들 그룹은 그렇지 않은 그룹보다

6개월 이내 재취업률이 30% 이상 높았다. 국내 취업포털의 2024년 설문조사에서도 퇴직 후 가장 큰 도움이 된 자원으로 '전 직장 동료 및 지인'이 전체 응답자의 67%를 차지했다. 결국, 경력 전환의 시작은 누군가에게 말을 거는 데서 시작된다.

그렇다면 어떻게 요청해야 할까? 먼저, 구체적인 요청이 중요하다. 막연한 표현보다는 "이런 업계의 이런 직무를 찾고 있다"고 명확히 말하는 것이 효과적이다. 둘째, 상대의 입장을 배려하는 태도가 신뢰를 쌓는다. 예를 들어 "바쁘신데 죄송하다, 그래도 조언을 부탁드린다"는 말 한마디가 신뢰를 더한다. 셋째, 한 번의 연락으로 끝내지 않고 필요하면 정중하게 후속 연락을 해야 한다. 넷째, 도움을 받았다면 반드시 감사 인사를 전해야 한다. 이 감사 표현은 또 다른 기회를 불러오는 연결고리가 된다.

스탠퍼드대학교의 2023년 연구에 따르면, 도움을 요청할 때 진정성과 명확성을 갖춘 경우 상대방의 수용 가능성이 2.5배 높아지는 것으로 나타났다. 이는 단순한 부탁이 아닌, 목적이 분명한 요청이 상대의 호응을 얻는 데 더 효과적임을 보여 준다. 경력 전환을 고민할 때 혼자서 고립되지 말고, 사람들에게 솔직하게, 겸손하게, 그리고 구체적으로 말을 건네는 것. 그것이 새로운 가능성을 여는 가장 현실적인 열쇠이다.

특히 나처럼 오랜 기간 인사 업무를 해 온 사람들은 조직 안에서 비교적 '갑'의 위치에 있었기에, 회사를 나와 누군가에게 도움을 요청하는 일이 더 어려워질 수 있다. 실제로 퇴직 후엔 나 자신을 알리고 스스로 기회를 만들어야 한다는 사실, 즉 '인생 자체가 영업'임을 뼈저리게 깨닫게 된다. 그런데 아이러니하게도, 이러한 '영업'을 가장 어려워하는 이들이 바로 인사 담당자나 임원 출신들이다. 서칭펌이나 창업을 하더라도, 기업에 직접 찾아가 "일 좀 달라"고 말하는 것을 불편해하는 경우가 많다.

나 또한 마찬가지였다. 그러나 대학교에 오면서부터 나의 성향은 180도 바뀌었다. 지금의 나는 학생들은 하나하나 소중한 '인재'로 생각한다. 이들을 위한 산학협력 프로그램을 만들기 위해 영업맨처럼 기업을 찾아다닌다. 기업이 불편하지 않도록 적절한 타이밍에 미팅을 제안하고, 기획안을 전달하며 신뢰를 쌓아 간다. 내가 숨겨 온 영업 역량이 이런 곳에서 발휘될 줄은 몰랐지만, 가만히 있으면 아무 일도 일어나지 않는다는 사실을 누구보다 절실히 깨달았다.

나는 현재 특임교수로 일하며 목적 있는 움직임을 통해 기업과의 협력 기회를 만들고 있다. 이런 과정이 바로 우리 학생들에게 더 나은 기회를 제공하는 통로가 된다. 결국, 우리는 모두 각자의 방식으로 '영업'을 하며 살아가고 있는 것이다. 겸손하게 도움을 요청하고, 정중하게 기회를 제안하며, 끊임없이 사람들과 연결되는 것. 이것이 중년 이후 새로운 커리어의 문을 여는 현실적인 전략이다.

7
끊임없는 변화와 성장 - 유연한 태도의 중요성

◆

　중년 이후의 경력 전환은 단순한 직업 변경이 아니다. 이는 인생의 방향을 새롭게 설정하는 중요한 변곡점으로, 기존 직장 중심의 사고를 넘어서는 열린 마음과 유연한 태도가 필수적이다. 변화에 대한 저항을 줄이고, 새로운 기회를 발견하는 능력을 키워야 한다.
　무엇보다도 자신을 돌아보는 과정이 우선되어야 한다. 과거의 직위가 아닌 나의 핵심 역량과 가치를 중심으로 스스로를 재정립해야 한다. "나는 무엇을 잘하는가?", "무엇을 할 때 즐거운가?"와 같은 질문을 통해 자기 인식을 명확히 할수록 새로운 방향 설정이 수월해진다.
　성장 마인드 셋 또한 중년의 경력 전환에서 필수이다. 실패를 두려워하지 않고 실수를 성장의 기회로 삼는 태도가 중요하다. 변화는 저항이 아닌 학습의 기회로 받아들여야 하며, 불확실성 속에서도 새로운 기술과 지식을 배우려는 자세가 필요하다.
　네트워크의 재정비와 확장도 경력 전환에서 강력한 전략이다.

기존 인맥을 다시 연결하고 새로운 분야의 사람들과의 관계를 넓히며 다양한 커뮤니티와 모임에 참여해 정보를 얻고 기회를 만들어야 한다. 특히 경험 많은 멘토와의 관계는 방향 설정에 큰 도움이 된다.

포트폴리오 커리어를 구축하는 것도 전략 중 하나다. 하나의 일에만 의존하지 않고, 컨설팅, 강의, 글쓰기, 투자 등 다양한 소득원을 확보함으로써 경제적 리스크를 분산시키고 커리어의 지속 가능성을 높일 수 있다.

정서적 회복력 또한 경력 전환에 반드시 필요한 요소다. 변화 과정에서 좌절이 생길 수 있지만, 감정 관리와 긍정적 태도를 유지하는 것이 중요하다. 운동이나 명상, 가족과의 시간을 통해 마음의 균형을 유지하도록 노력해야 한다.

기술 습득은 더 이상 선택이 아닌 필수다. AI, 데이터 분석 등 디지털 역량을 강화해야 하며, 이를 위해 온라인 강의나 단기 교육과정을 활용할 수 있다. Coursera, edX, Udemy 같은 플랫폼을 통해 새로운 지식을 지속적으로 습득하는 것이 도움이 된다.

경제적 준비도 간과할 수 없다. 경력 전환에는 시간이 필요하기에 재정 계획을 세우고, 예산을 조정하며 공백기에 대비한 전략을 세우는 것이 필요하다. 투자 등 대안적 수단도 고려할 수 있다.

2023년 PwC 보고서에 따르면 55세 이상 직장인의 63%가 '새로운 기술 습득'을 재취업 성공의 핵심 요소로 꼽았고, 하버드 비즈니스 리뷰(HBR)는 중년의 커리어 전환에서 가장 중요한 역량으로 유연성과 학습 의지를 제시했다. 변화 수용력이 높은 사람은 새로운 기회를 1.7배 더 빠르게 찾는 것으로 나타났다.

A씨(52세, 제조업 부장)는 20년 넘게 근무한 대기업에서 구조조정을 겪고, 단기 코딩 부트캠프를 수료해 데이터 분석 자격증을 취득했다. 이후 중소기업에서 생산관리 컨설턴트로 활동하며 제조업 경험과 데이터 분석 능력을 융합한 새로운 경력을 성공적으로 시작했다.

B씨(55세, 금융업 지점장)는 지점 폐쇄로 퇴직한 후 커뮤니티 기반의 투자 클럽을 창설했고, 다양한 업계 사람들과의 네트워킹을 통해 투자 컨설팅 회사로 확장시켰다. 경력 전환 초기에는 수입이 줄었지만 멘토링을 통해 기회를 확장할 수 있었다.

C씨(50세, 광고기획사 임원)는 광고업의 불황으로 전환을 고민하던 중 디자인 툴을 배우고 SNS 콘텐츠 제작에 집중했다. 이후 프리랜서로 스타트업과 협업 프로젝트를 진행하며 융합적 사고와 실전 경험을 살렸다.

D씨(54세, IT기업 프로젝트 매니저)는 다수의 IT 프로젝트 수행 경험을 바탕으로 스타트업의 COO로 이직했다. 그는 AI 기반 협업

툴을 스스로 익히고 팀원 교육도 진행하며 학습 의지와 적응력을 입증했다.

E씨(56세, 공기업 출신)는 퇴직 후 NGO 활동에 참여해 기획 및 대외협력 경험을 활용해 비영리 조직에서 자문 역할을 수행하고 있다. 동시에 후배들과의 멘토링 모임을 통해 사회적 기여와 커리어를 병행하고 있다.

이처럼 유연한 태도와 지속적인 학습은 중년 이후 커리어 전환의 핵심이다. 고정관념을 버리고 새로운 트렌드와 기술을 적극적으로 수용하며 멘토링과 네트워킹으로 외부 자원을 확보할 때 변화는 성장의 기회가 된다.

유연성을 갖기 위한 공통된 조언은 다음과 같다. 첫째, 성장 마인드 셋을 유지한다. 둘째, 구체적인 목표를 설정한다. 셋째, 멘토와의 관계를 긴밀히 한다. 넷째, 기술 습득과 실전 경험을 병행한다. 다섯째, 적극적인 네트워킹에 참여한다. 여섯째, 정서적 회복력을 강화한다.

나 역시 28년간 외국계 기업에서 일하다가 대학교로 자리를 옮기면서 어깨의 힘을 빼는 일이 가장 힘들었다. 유연성을 갖는다는 것은 곧 새로운 환경에서 열린 사고방식을 갖는 것에서 출발했다. 외국계 기업의 자유로운 소통 방식에 익숙했던 나는 보수적인 대학교 문화에 적응하는 데 시간이 걸렸다. 교수나 교직원, 학생들과 갈등 없이 소통하기 위해 '봉사한다'는 마음으로 3년간 묵묵히 일했다.

이화여대 교직원 식당에서 산업계 시절 동료였던 구찌 인사부 임원을 만났을 때, 학장님께 90도로 인사하는 나의 모습에 그가 놀라워했다. 외국계 기업에서는 수평적인 문화가 일반적이지만, 나는 새로운 조직에 조화롭게 녹아들기 위해 최대한 겸손한 자세를 유지했다.

중년 이후에도 새로운 환경에 잘 적응하는 사람들의 공통된 특장(특징과 장점)은 다섯 가지로 정리할 수 있다. 첫째, 높은 학습 민첩성이다. Korn Ferry의 연구에 따르면, 학습 민첩성이 높은 사람은 빠르게 적응하고 긍정적 평가를 받을 확률이 30% 이상 높았다. 둘째, 심리적 유연성이다. ACT 기반 연구에 따르면, 현재 상황에 맞는 행동 전략을 선택하며 스트레스 완화와 관계 형성에서 긍정적인 태도를 보인다.

셋째는 겸손과 자기 인식이다. HBR에 따르면, 과거 성공을 객관화할 수 있는 능력이 신뢰받는 리더로 성장하는 기반이 된다. 넷째는 관계 중심적 태도이다. Center for Creative Leadership의 연구에 따르면, 관계 구축에 적극적인 사람이 새로운 조직에서 심리적 안전망을 형성하고 협업에 강점을 보인다. 다섯째는 성장 마인드셋이다. Carol Dweck의 이론에 따르면, '나는 여전히 배울 수 있다'는 생각이 환경 변화에 대한 적응력을 높여 준다.

실제로 나의 MBTI도 외국계 기업에 있을 때는 ENTJ였지만, 학교에 오면서 ENFJ로 바뀌었다. 환경과 역할에 따라 사고와 행동이 유연하게 변한다는 사실을 실감하게 된 경험이다. 과거의 지위를 내려놓고 현재에 집중할 수 있는 심리적 유연성과 관계 중심의 사고가 새로운 커리어에서 신뢰와 존중을 쌓는 데 핵심이 된다는 것을 다시금 깨달았다.

반면, 과거의 명성과 직위를 내려놓지 못하고 새로운 환경에 적응하지 못하는 사람들에게는 다양한 심리적, 행동적, 환경적 요인이 작용한다.

첫째, 자기 정체성의 고착이다. LBS 연구에 따르면 50대 이상 경력 전환자 중 42%가 과거 기업의 직함을 여전히 유지하며 새로운 환경에서 자기 효능감을 낮게 평가한다.

둘째는 지위 불안과 심리적 손실 회피다. Kahneman의 연구에 따르면, 사람은 손실을 이득보다 더 크게 느끼며, 고위직일수록 명성과 권한의 상실을 심리적 고통으로 인식한다. HKS 연구에 따르면 고위직 경험자 중 60% 이상이 낮은 직위로 재출발할 경우 지위 불안을 경험한다.

셋째, 고착된 사고방식이다. Stanford University 연구는 고착형 사고방식을 가진 사람들이 피드백에 취약하고 적응에 실패할 가능성이 높음을 보여 준다.

넷째는 조직 문화의 영향이다. SHRM 보고서에 따르면, 위계 중심 문화에 익숙한 리더들은 유연한 조직 문화에 적응하는 데 어려움을 겪는다.

다섯째는 사회적 인식과 압박이다. McKinsey 조사에 따르면 중년 리더는 주변의 시선과 기대 때문에 과거의 행동 패턴을 반복하려는 경향이 있다. 결국, 중년 이후의 적응 실패는 단순한 고집이 아니라 복합적인 심리·조직적 요인의 결과이다. 특히 실패에 대한 두려움과 상실 저항은 겸손한 적응보다는 방어적 태도를 낳기 쉽다.

이를 위한 지원 프로그램은 두 영역으로 나뉜다. 첫째는 심리적 유연성 강화 프로그램으로, ACT(수용-전념치료), MBSR(마음챙김 스트레스 감소), HRD 기반 회복탄력성 워크숍이 있다. 이들은 변화에 대한 수용과 감정 조절을 돕는다.

둘째는 정체성 재구축 프로그램이다. Career Transition Coaching, Narrative Coaching, 리더십 트랜지션 프로그램은 개인이 과거의 정체성을 넘어 새로운 커리어에 맞는 자기 인식을 설계하도록 돕는다. 한국에서는 한국코칭센터, 서울대 심리상담센터, Korn Ferry Korea, 대기업 HRD 부서 등의 프로그램이 대표적이다.

서울시 50플러스 재단도 대표적인 공공기관으로, 생애전환 교육과 커리어 전환을 지원하는 프로그램을 운영한다. 중부, 서부, 남부, 북부 캠퍼스를 통해 교육과 사회공헌을 지원하며 나 또한 서부 캠퍼스 프로그램에 참여한 경험이 있다.

결국, 성공적인 경력 전환은 유연한 태도와 변화 수용력에서 시작된다. 이는 개인의 성장을 넘어 다음 세대를 위한 기여로도 이어진다. 변화는 끝이 아닌 새로운 시작이다.

PART 5

성공적인 전환 후, 지속적인 성장 전략

1
새롭게 시작하는 인생,
어떻게 의미 있게 보낼 것인가?

✦

인생의 새로운 시작은 단순한 전환점이 아니라, 그 자체로 또 하나의 기회가 된다. 이는 그저 이전 삶의 연장이 아닌, 스스로에게 다시 한번 방향성과 목적을 묻는 시기이며, 더 깊은 의미를 만들어가는 여정이다. 이 시기에 가장 먼저 해야 할 일은 목표를 다시 세우는 것이다. 명확한 목표가 없다면 방향도 잃게 된다. 목표 설정은 단순히 해야 할 일을 정하는 것이 아니라, 자신이 진정으로 원하는 것과 추구하는 가치가 무엇인지부터 탐색하는 과정이다. 단기적인 성과와 장기적인 비전을 함께 설정하면서, 그 안에 자신만의 가치와 신념을 담는 것이 중요하다. 그렇게 만들어진 목표는 개인의 삶을 더욱 깊고 단단하게 만들어 줄 것이다.

새로운 시작을 준비하는 데 있어 배움은 필수다. 배움을 멈춘 순간, 성장은 정체된다. 디지털 기술, 외국어, 소프트웨어스킬까지 익히는 것은 단지 경쟁력 확보 차원을 넘어, 자기 자신을 확장하는 과정이다. 때론 취미나 관심사에서 출발한 배움이 삶의 새로운 의미가 되기도 한다. 예술, 운동, 여행을 통해 감성을 회복하고, 심화된 전문지식을 통해 다시 한번 세상에 기여할 수도 있다. 평생학습은 더 이상 선택이 아니라, 새로운 인생을 살아가기 위한 필수 전략이 되었다.

삶에서 가장 중요한 것은 결국 내가 어떤 가치를 중심으로 살아가는가이다. 개인의 핵심 가치를 명확히 하고, 인간관계 속에서 진정성과 존중을 바탕으로 관계를 재정립해 나가는 것은 삶의 깊이를 더하는 일이다. 가까운 이들과의 대화, 사회적 책임을 실천하는 행동들—예컨대 자원봉사나 기부, 환경 보호 같은 활동은 나를 둘러싼 세계와의 연결고리를 만들어 준다. 이 모든 과정이 결국 자기존중으로 이어지며, 나를 긍정하고 존중하는 태도가 내 삶 전체에 힘이 된다.

또한 새로운 인생을 살아가기 위해서는 삶의 균형이 필요하다. 일에만 몰두하거나, 혹은 지나치게 한쪽에 쏠린 생활은 오히려 삶의 만족도를 낮춘다. 여가, 자기개발, 휴식을 균형 있게 가져 가며 정신적 여유를 갖는 것이 필수다. 건강 역시 새로운 삶을 지탱하는 기반이다. 규칙적인 운동과 균형 잡힌 식단, 그리고 스트레스 관리를 통한 정신적 안정은 새로운 도전을 이어 갈 수 있는 원동력이 된다.

관계도 새롭게 정의해야 한다. 인생의 후반기는 함께 걸을 사람들과의 연결이 중요해지는 시기다. 기존의 인연을 돌아보고, 새로운 사람들과 연결될 수 있는 용기를 가져야 한다. 멘토, 친구, 가족과의 지지는 우리가 흔들릴 때 버팀목이 된다. 그들과의 진정성 있는 대화를 통해 신뢰를 쌓고, 관계의 폭을 넓혀 가는 것도 중요한 삶의 전략이다.

무엇보다 변화와 불확실성을 수용할 수 있는 태도가 필요하다. 중년 이후의 도전은 언제나 두려움을 수반하지만, 그 두려움 너머에 기회가 있다는 사실을 받아들여야 한다. 열린 사고와 빠른 적응력, 실패를 수용하고 다시 일어설 수 있는 용기는 새로운 가능성을 만드는 열쇠다.

이를 보여 주는 사례들도 많다. A씨는 54세에 IT기업 임원에서 은퇴한 후, 기술과 경력을 바탕으로 사회적 기업을 창업하며 사회에 기여하는 길을 택했다. B씨는 금융권을 떠난 뒤 심리상담사로 전직해 지역 사회에서 상담 봉사를 하며 삶의 의미를 확장하고 있다. C씨는 제조업 엔지니어에서 은퇴 후, 가족과 함께 농장을 운영하며 자연과의 교감을 통해 건강과 만족을 동시에 얻고 있다. D씨는 대기업 HR에서 커리어 코치로 전향해, 중년의 전환기에 있는 사람들을 돕고 있으며, E씨는 공공기관에서 퇴직한 후 미술 치료사로서 예술을 통한 치유 활동을 이어 가고 있다.

이러한 변화는 단지 직업의 전환이 아니라 삶 전체의 재설계다. 세계경제포럼은 2025년까지 평생학습이 직업 안정성과 삶의 만족도에 직접적인 영향을 준다고 분석했으며, 맥킨지와 하버드 비즈니스 리뷰도 자기 주도적 목표 설정과 유연한 사고, 지속적인 학습이 중년 이후의 삶을 더욱 의미 있게 만든다고 강조했다.

이처럼 의미 있는 삶을 살아가는 이들에게는 몇 가지 공통점이 있다. 첫째, 외적 보상보다 자기 실현을 중시하는 내재적 동기가 강하다는 점이다. 둘째, 변화에 열린 태도를 갖는 심리적 유연성을 지닌다는 점이며, 셋째, 성장형 마인드 셋을 통해 실수나 실패조차 배움의 일부로 받아들인다. 넷째, 삶의 목적을 분명히 설정하고 이를 이루기 위한 배움을 즐긴다. 마지막으로, 배움을 공동체와 연결시키고, 자율성과 사회적 관계 속에서 더욱 활발히 살아간다는 것이다.

나 역시 그러했다. 대학원에 들어가면 보통은 마지막 학기에야 논문을 쓰기 시작하지만, 나는 첫 학기부터 연구 주제를 고민하며 준비를 시작했다. 이런 목적의식이 있었기에 휴학 없이 4개의 석사를 마쳤고, 학위의 숫자가 아닌 과정 자체에서 의미를 찾을 수 있었다. 내가 활동하는 WIN(Women in INnovation)이라는 국내

외 여성 임원 모임 역시 지식과 배움, 교류에 진심인 사람들이 모인 곳이다. 배움은 혼자만의 일이 아닌, 공동체 안에서 더욱 살아나며 나이와 상관없이 성장의 기쁨을 안겨 주는 경험이다.

하지만 경제적 여유가 있다고 해서 모두가 삶의 의미를 찾는 것은 아니다. 목적의식이 없거나, 외적 보상 중심의 삶을 살아온 사람들은 사회적 고립감, 무기력함, 그리고 쾌락 적응 현상으로 인해 삶의 만족도가 낮아지는 경우가 많다. 자기 효능감이 부족하거나, 삶의 경험과 가치들이 단절된 상태일 때에도 삶은 공허하게 느껴질 수 있다. 결국 중요한 것은 얼마나 소유했느냐가 아니라, 어떤 의미와 연결 속에 살아가느냐는 것이다.

이를 위한 구체적인 지원 시스템도 있다. 한국고용정보원과 고용노동부를 비롯해 지역의 평생교육기관, 중장년 일자리센터 등에서는 중년의 인생 재설계를 돕는 다양한 프로그램을 제공하고 있다. 이를 통해 자신의 삶을 다시 설계하고, 사회적 관계를 재정립하며, 지속적인 배움 속에서 새로운 의미를 만들어 갈 수 있다.

새로운 시작은 준비된 사람에게 기회가 된다. 목표를 세우고, 의미 있는 배움을 이어 가며, 나만의 가치를 실천해 보자. 삶의 균형을 맞추고 좋은 사람들과 연결되어라. 변화는 두려운 것이 아니라, 우리를 성장시키는 또 하나의 가능성이다. 그리고 그 가능성의 주인공은 바로 당신 자신이라는 사실을 잊지 말자.

2
새로운 직업에서의 생존 전략

✦

새로운 직업에 진입한 후 빠르게 적응하고 자리를 잡는 일은 제2의 경력을 설계하는 데 있어 가장 중요한 관문 중 하나이다. 특히 중년 이후의 경력 전환에서는 기존의 방식이나 태도가 통하지 않는 경우가 많기 때문에, 환경 변화에 민감하게 반응하고 유연하게 대처할 수 있는 전략이 절실히 요구된다. 이때 핵심이 되는 요소는 총 일곱 가지다. 빠른 적응력, 전략적인 네트워크 형성, 유연한 사고와 태도, 자기 주도성, 긍정적 태도, 피드백 수용력, 그리고 진정성이다.

새로운 환경에 성공적으로 적응하기 위해서는 먼저 빠르게 배우고 익히는 노력이 필요하다. 기본적인 업무 시스템, 도구, 프로세스를 조기에 파악하고, 적극적으로 동료들과 소통하면서 협업 방식을 이해하는 것이 중요하다. 또한 최신 기술과 산업 트렌드를 꾸준히 학습하며 자신의 전문성을 계속 확장시켜 나가야 한다. 이와 함께 조직 내부의 네트워크를 형성하는 것도 빠른 적응의 핵심이다. 상사와 동료뿐 아니라 부서 간 원활한 관계를 구축하고, 더 나아가 외부 네트워크에서도 업계 전문가들과의 연결을 통해 시야를 넓혀야 한다.

새로운 환경에서 발생하는 낯설고 예측하기 어려운 문제들에 대해서는 유연한 태도로 접근해야 한다. 계획대로 되지 않는 상황이 있을 때, 당황하거나 고집하기보다는 문제를 신속하게 분석하고 해결책을 찾아 나가는 자세가 필요하다. 자기 주도성 또한 중요한 요소다. 장기적 비전과 단기적 실행 계획을 스스로 설정하고, 실행에 옮기며 업무의 우선순위를 잘 조절하는 능력은 조직 내 신뢰를 높이고 성과로도 이어진다.

긍정적인 태도와 정서적 회복탄력성은 일상적인 스트레스 상황에서도 개인의 균형을 유지하게 해 준다. 운동, 취미, 명상 등 일상 속 관리 방법으로 감정 에너지를 재정비하면서, 실패에 주눅 들지 않고 다시 도전하는 마인드 셋을 유지하는 것이 중요하다. 여기에 더해 피드백을 기꺼이 받고 이를 자기 개선의 기회로 삼을 줄 아는 자세도 조직 내에서의 성장에 결정적이다. 마지막으로, 조직과 직무에 진심을 다하고 주도적으로 일하는 태도, 진정성이 담긴 커뮤니케이션은 리더십으로 이어지며 자연스럽게 조직 안에서 중심적인 역할을 하게 한다.

실제 사례에서도 이 같은 전략이 효과를 보이고 있다.

A씨(52세, 제조업 출신)는 25년간 근무한 대기업에서 퇴직한 후 IT 스타트업에 합류했다. 낯선 환경에서도 빠르게 새로운 시스템을 학습했고, 젊은 구성원들과 소통하며 조직에 빠르게 스며들었다. 결과적으로 6개월 만에 팀장으로 승진했다.

B씨(48세, 금융권 출신)는 HR 컨설턴트로 전직한 뒤 업계 네트워크를 적극 활용하며 주요 고객사를 확보했다. 외부 전문가와 지속적으로 교류한 결과였다.

C씨(50세, 교육업계 출신)는 커머스 기업으로 전환하며 처음에는 새로운 업무 환경에 적응하는 데 어려움을 겪었으나, 멘토의 도움을 받아 점차 업무에 능숙해졌고, 긍정적인 태도로 조직 내에서 신뢰를 얻고 있다.

D씨(55세, 공공기관 출신)는 비영리단체로 전직 후, 기존과는 전혀 다른 조직문화를 유연하게 수용했고, 현재는 팀 내 문제 해결사로 인정받고 있다.

E씨(45세, 전통 제조업 출신)는 IT 플랫폼 기업에 적을 두며 피드백을 바탕으로 업무 효율성을 개선했고, 1년 만에 프로젝트 리더로 성장하는 성과를 이뤄 냈다.

이러한 사례는 수치로도 입증되고 있다. 2024년 하버드비즈니스리뷰는 새로운 직장에서 '적극적인 네트워킹'을 수행한 인재의 전직 성공률이 30% 이상 더 높다고 발표했다. 또한, 맥킨지의 보고서에서는 자기 주도성과 유연성이 전직 성공에 결정적인 영향을 미친다고 밝혔으며, 갤럽은 정기적으로 피드백을 받고 이를 반영하는 직원의 직무 만족도와 성과가 각각 29%, 22% 더 높다고 분석했다.

나 역시 이러한 과정을 직접 체험했다. 2019년 기업을 떠나 대학교로 경력 전환을 한 이후, 벌써 7년째 교육 현장에서 일하고 있다. 외국계 기업에서 오랫동안 일했던 나는 개방적이고 수평적인 문화에 익숙해 있었다. 하지만 대학교는 보수적이고 형식적인 조직문화가 뿌리 깊게 자리 잡고 있는 공간이었다. 처음에는 적응이 쉽지 않았지만, 무엇보다 조직문화를 존중하려는 태도가 나를 빠르게 자리 잡게 해주었다. 교수, 직원, 학생 모두에게 존중과 배려의 자세로 임했고, 그 결과 지금까지 단 한 번의 갈등 없이 조직 내에서 좋은 평판을 얻고 있다.

과거 외국계 기업에서 임원을 맡았고, 석사 네 개와 박사 한 개를 가진 이력이 있지만, 나는 늘 겸손함을 잃지 않으려 노력했다. 화려한 기업 경력보다, 내가 지닌 역량과 경험을 새로운 조직에서 어떻게 풀어낼지를 고민했다. 실제로 프랑스계 주류회사에서 적응하지 못하고 절박한 마음으로 다시 나아가야 했을 때, 지금의 대학교 경력이 시작되었다. 결국 다양한 학위와 경험은 위기 속에서 다시 살아나는 자산이 되었고, 학습과 자기개발에 대한 지속적인 태도는 지금도 나를 지탱하는 기반이 되고 있다.

이처럼 인생의 제2막에서 새로운 직업을 성공적으로 유지하고 적응하는 사람들의 공통점은 분명하다. 첫째, 자기 주도적으로 일의 가치를 추구하며 스스로의 시간을 조율하려는 성향을 보인다. 둘째, 과거의 직무 경험과 문제 해결 능력을 바탕으로 새로운 업무에서도 빠르게 존재감을 드러낸다. 셋째, 창업, 프리랜서와 같은 자기고용 형태를 선호하며 조직에 얽매이지 않는 방식을 택한다. 넷째, 지속적인 학습과 자기개발로 변화하는 환경 속에서 경쟁력을 유지한다. 다섯째, 높은 유연성과 적응력을 통해 새롭게 주어진 역할을 능동적으로 수행한다.

반대로 적응에 실패하는 경우는 교육 시스템과 노동 시장 간의 미비한 연계, 고령화에 따른 건강 문제, 삶의 질 저하, 사회적 고립 등 복합적인 원인이 작용한다. 이에 따라 교육훈련의 현장성 강화, 건강 관리 및 사회적 지원 확대가 반드시 병행되어야 하며, 개인의 심리적 준비도 중요하다.

결국 새로운 직업에서 성공적으로 자리 잡기 위해서는 변화에 능동적으로 대응하며, 배움과 적응을 멈추지 않는 자세가 필요하다. 빠른 적응과 네트워크, 유연성과 자기 주도성, 긍정적인 태도와 피드백 수용, 그리고 진정성은 그 어떤 스펙보다 강력한 성공 요인이다. 그리고 지금 이 순간에도 나는 이 7가지 전략을 실천하며 새로운 환경 속에서 끊임없이 생존하고 성장하고 있다.

3
지속 가능한 수입 모델 만들기(포트폴리오 경력 관리)

◆

새로운 직업으로의 전환 이후, 진정한 의미의 성공은 단순히 자리를 잡는 것에 그치지 않는다. 지속 가능한 수입 모델을 구축하여 장기적인 안정과 성장을 도모하는 것이 핵심이다. 단일 수입원에 의존하던 기존의 고용 형태는 빠르게 변화하는 산업 구조와 기술 혁신 속에서 더 이상 안정적인 생존 전략이 되기 어렵다. 이제는 다양한 수익원을 기반으로 하는 포트폴리오 경력 관리 전략이 필요하다.

다양한 수입원을 확보하는 것은 이제 필수가 되었다. 본업 외에도 부업을 병행하거나, 프리랜서 활동, 온라인 강의, 컨설팅 등을 통해 수익을 다각화해야 한다. 더불어 저작권, 임대수익, 배당금처럼 수동적 수입원을 함께 준비하면 경제적 자유와 유연한 삶을 동시에 추구할 수 있다. 처음에는 생소하게 느껴질 수 있지만, 안정적이고 예측 가능한 수입 구조를 만들기 위한 중요한 시작점이 된다.

디지털 시대에는 온라인 기반 수입 모델이 특히 유효하다. 유튜브, 블로그, 전자책 출간, 온라인 강의 제작 등은 전 세계를 시장으로 삼아 수입을 창출할 수 있는 좋은 수단이다. Etsy, Amazon, Shopify와 같은 플랫폼을 통해 디지털 상품이나 실물 제품을 판매하는 것도 현실적인 전략이 된다. 초기 구축이 잘 이루어진다면 자동화된 수입원으로 전환되는 효과를 기대할 수 있다.

이처럼 수입을 창출하는 것만큼 중요한 것은 재정 관리와 투자 전략이다. 수익의 일부를 저축과 재투자에 활용하고, 주식, 채권, 부동산 등으로 자산을 분산해 리스크를 최소화하는 것이 바람직하다. 배당금과 이자 수익처럼 안정적인 현금 흐름을 창출하는 것도 장기적 관점에서 중요한 전략이다.

창업 역시 주목할 만한 전략이다. 초기 자본이 크지 않은 온라인 스토어나 소규모 서비스 기반의 창업부터 시작해 볼 수 있다. 특히 자동화된 시스템을 갖춘 온라인 비즈니스는 시간이 지날수록 수동적 수입원으로 확장될 가능성이 높다.

프리랜서 활동이나 계약직 기회도 적극 활용할 수 있다. Upwork, Fiverr, Freelancer 등 글로벌 플랫폼을 통해 디자인, IT, 글쓰기, 마케팅 등 자신이 잘하는 분야에서 프로젝트를 수주하며 수익을 얻는 구조를 만들 수 있다.

더 나아가 사회적 가치와 수익을 동시에 추구하는 사회적 기업 모델도 검토해 볼 수 있다. 협동조합, 지역 커뮤니티 기반의 비즈니스, 또는 사회문제 해결형 창업은 보람과 수입을 동시에 추구할 수 있는 모델이 된다.

A씨(52세, IT컨설팅 출신)는 퇴직 후 기술 멘토링, IT 컨설팅, 온라인 기술 강의를 병행하며 자문료, 강의료, 온라인 콘텐츠 수익으로 연간 1억 원 이상의 수입을 올리고 있다.

B씨(49세, 유통업 출신)는 창업과 함께 블로그를 운영하고, 창업 강연과 1:1 컨설팅을 통해 온라인과 오프라인 수익을 안정적으로 연계하고 있다.

C씨(55세, 금융권 출신)는 재무설계사 자격을 취득한 뒤, 프리랜서 상담, 투자 강연, 유튜브 채널을 운영하며 수입을 다각화하고 있다.

D씨(50세, 디자인 에이전시 출신)는 프리랜서 디자이너로 활동하며 워크숍 강의, 디자인 관련 전자책 출간 등을 병행해 안정적인 매출을 확보하고 있다.

E씨(48세, 공공기관 출신)는 정책 기획 경험을 살려 제안서 작성 대행, 컨설팅, 문서 작성 강의 등을 온라인으로 제공하며 퇴직 전보다 높은 연 수입을 유지하고 있다.

하버드비즈니스리뷰(2023)는 포트폴리오 커리어가 수입 안정성과 경력 지속성에 효과적이라고 강조했다. 링크드인(2024) 역시 포트폴리오 경력자의 평균 수입이 단일 직업자보다 27% 이상 높다고 보고하였다. 다양한 수입 구조를 가진 사람일수록 경력 단절 위험이 현저히 낮은 것으로 나타났다.

포트폴리오 경력 관리는 자산 배분과 유사하다. 자신의 시간과 역량을 다양한 프로젝트에 분산해 리스크를 줄이고 기회를 극대화하는 방식이다. 이를 위해선 첫째, 본인의 강점과 열정을 명확히 인식해야 하며, 둘째, 시장의 수요를 분석하고, 셋째, 다각화된 수입 구조를 설계해 실행하고, 넷째, 지속적인 네트워킹과 학습을 통해 성장의 기반을 다져야 한다.

경력 전환 후 안정적인 수입 모델을 만든 사람들의 특징도 분명하다. 첫째, 자신의 전문성을 기반으로 개인 브랜드를 구축하고, 둘째, 수익원을 최소 2~3개로 다각화하며, 셋째, 학습과 기술 활용에 적극적이며, 넷째, 네트워크 확장을 통해 협업 기회를 창출한다. 마지막으로, 다섯째, 자신만의 라이프스타일에 맞게 일과 삶을 재설계하는 능력을 갖추고 있다.

국내 사례로는 또요 요거트의 유정봉 대표가 있다. 중년의 나이에 건강한 먹거리에 대한 관심을 바탕으로 프리미엄 요거트를 개발하고, 온라인·오프라인 유통 채널을 활용해 수익을 다각화하였다.

배우 황선정은 유방암 극복 후 가수로 전향해, 성악과 뮤지컬 경험을 기반으로 새로운 커리어를 개척했으며, 강연과 음악 활동을 통해 수입을 다변화하였다.

해외 사례로는 캐시 헤잉이 있다. 사회복지사에서 자동차 정비사로 전향해 저소득층을 위한 사회적 기업을 창업, 기술 습득과 사회적 기여를 동시에 이루어 냈다.

과거 직장의 보너스나 연봉에만 기대던 시절은 지나갔다. 직장 밖에서도 수익 구조를 만들어야 진정한 독립이 가능하다. 실제로 과거 근무했던 기업에서 외근을 자주 나가며 부동산 투자로 임대 수입을 확보했던 사례도 있다. 이런 준비는 조용히, 그러나 치열하게 실행되어야 한다. 자산이든 콘텐츠든, 수익을 만들어 내는 구조를 설계하는 것이 지금 이 시대, 우리 세대에게 요구되는 진정한 전략이다.

결국, 포트폴리오 경력 관리와 다양한 수입 모델은 중년 이후 지속 가능하고 의미 있는 삶을 위한 전략이다. 경제적 안정뿐 아니라 심리적 만족, 사회적 기여, 성장의 즐거움까지 함께 추구할 수 있는 방향이다. 나를 브랜드화하고, 일과 삶의 균형 속에서 다각화된 수입을 만들어 가는 것. 이것이 바로 중년 이후 진정한 성공의 정의일 것이다.

4
중년 이후의 삶에서 '성공'의 재정의

◆

　중년 이후의 '성공'은 더 이상 직위나 연봉 같은 외부의 기준만으로 평가되지 않는다. 삶의 중심은 점차 내면으로 옮겨 가며, 개인의 만족, 정서적 안정, 사회적 기여, 인간관계의 질, 그리고 지속적인 성장으로 그 의미가 확장되고 있다. 이제 성공은 '남들이 보는 나'보다는 '내가 느끼는 나'에서 출발한다. 경제적 안정이나 지위보다도, 자신이 진정 원하는 삶을 살아가고 있는가, 스스로와의 관계가 평화로운가가 중요해지는 시점이다.

　무엇보다 자기 충족과 심리적 안정이 중년 이후 성공의 핵심이 된다. 외적인 성과보다는 내면의 평화를 이루는 것이 중요하며, 그 시작은 자신이 무엇을 진정으로 원하는지에 대한 깊은 성찰에서 비롯된다. 이와 함께, 일과 삶의 균형 또한 중년의 성공에서 빼놓을 수 없는 요소다. 단지 직업적인 성과가 아닌, 가족과의 관계, 건강, 여가, 그리고 정신적인 여유를 조화롭게 갖추는 것이 새로운 기준이 되고 있다.

신체적·정신적 건강은 삶의 질을 좌우하는 기본이다. 중년 이후 건강을 유지하는 것이야말로 지속 가능한 삶의 기반이며, 이를 위해 규칙적인 운동과 올바른 식습관, 정신 건강에 대한 관심이 절대적으로 필요하다. 사회적 기여 역시 중년의 성공을 정의하는 또 다른 축이다. 단순히 생계를 위한 노동을 넘어서, 멘토링, 자원봉사, 후배 양성, 지역 사회 활동 등을 통해 사회와 연결되고, 자신의 경험을 타인과 나누는 일은 깊은 보람을 남긴다.

더불어, 기존의 경로에서 벗어나 새로운 도전을 시도하고, 창의적인 방향으로 삶을 설계하는 것도 중요한 성공의 요소다. 익숙함에 안주하지 않고 변화에 유연하게 대응하며, 때로는 전혀 다른 분야로의 전환을 두려워하지 않는 용기가 필요하다. 중년 이후 인간관계도 변화를 맞는다. 경쟁보다는 공감, 평가보다는 지지, 형식보다는 진정성이 중요해진다. 더 깊고 안정적인 관계가 중년의 삶에 감정적 안정을 제공한다.

마지막으로, 평생학습은 중년 이후 삶의 성장 엔진이다. 새로운 지식을 배우고, 기술을 익히며, 변화하는 환경에 민감하게 반응하는 자세는 자기 존중을 강화하고, 삶에 활력을 불어넣는다. 배우기를 멈추지 않는 사람만이 지속적으로 성장할 수 있다.

A씨(55세, 제조업)는 대기업 임원을 퇴직한 후 지역 청소년을 대

상으로 멘토링 프로그램을 운영하고 있다. 그는 "지금은 타인의 성장을 돕는 일이 내 성공"이라며 과거의 화려한 성과보다 지금의 삶에서 더 큰 만족을 느낀다.

B씨(53세, IT 전문가)는 오랜 기업 생활 후 창업을 택했다. 이전보다 수입은 줄었지만, 창의성과 유연성을 마음껏 발휘하며 일의 재미를 되찾았고, 중년 이후에도 재도전이 가능하다는 사실을 스스로 입증했다.

C씨(58세, 금융업 지점장)는 은퇴 후 요가와 가족 여행을 중심으로 건강과 정서적 안정에 집중하며 삶의 균형을 새롭게 정립했다.

D씨(60세, 공공기관 관리자)는 퇴직 후 대학원에 진학하여 평생학습의 길에 들어섰다. 그는 "나이에 상관없이 배우는 즐거움이 있다"고 말한다.

E씨(57세, 광고회사 마케팅 이사)는 퇴직 후 사회적 기업에서 자원봉사 활동을 시작했으며, "사회적 책임을 실천하는 지금이 내 인생의 황금기"라고 말한다. 개인의 성공을 사회적 기여로 확장한 좋은 예다.

2024년 미국 퓨리서치센터의 조사에 따르면, 중년 이후 성공의 기준으로 '내면의 행복'(64%)과 '사회적 기여'(52%)가 가장 많이 꼽혔다. 반면, 경제적 성공은 34%에 불과했다. 이는 중년 이후 성공의 정의가 외적 성취보다 내면의 만족으로 이동하고 있음을 보여 준다. 세계경제포럼의 2024년 보고서도 50세 이상 인구의 지속적인 학습과 도전이 삶의 만족도를 높인다고 밝혔으며, 하버드대 성인발달연구(2023)는 건강, 관계, 자율성, 사회적 기여가 중년 이후 성공과 직결된다고 분석했다.

한국고용정보원 보고서(2024)에서도 중장년층은 명확히 '일-삶 균형'과 '건강'을 우선 순위로 삼는 경향이 나타났다.

사람들은 내가 기업에서 비전임 교수로 전환한 걸 보며 명예를 택한 성공이라 평가하곤 한다. 하지만 나 스스로는 그것이 '완벽한 성공'이라고 생각하지 않는다. 여전히 가끔은 고액 연봉을 받던 시절이 그립고, 그때 더 많이 저축하지 못한 점에 대한 아쉬움도 있다. 그래도 지금의 삶에 감사하며, 앞으로도 꼭 일자리가 아니라도 '일거리'를 갖고 활동을 이어 가고 싶다. 현실은 이미 노동 시장의 세대 교체가 이루어진 상태다. 40대 중반~50대 초반이 사장이 되는 시대이고, 60대 이후까지 일할 수 있는 환경은 점점 줄어들고 있다. 물론 70대까지도 활동하는 시니어들이 있지만, 대부분은 단순 노무나 반복 업무가 중심이다.

최근 연구들은 성공적인 중년 이후 삶의 공통 요소를 다음과 같이 제시한다. 첫째, 건강 증진 실천이다. 규칙적인 운동과 건강한 식습관은 신체적 활력을 유지하며 삶의 질을 높인다. 둘째, 높은 자기 효능감이다. 자신의 삶을 주도할 수 있다는 믿음은 중년 이후 삶의 만족과 직결된다. 셋째, 배우자와의 친밀감 유지이다. 안정적인 정서적 관계는 중년 이후 심리적 안정의 중요한 요소다. 넷째, 사회활동 참여이다. 취미, 봉사활동, 소모임 등의 활동은 사회적 연대감을 높이고 고립을 방지한다. 다섯째, 노화에 대한 긍정적 인식이다. 나이 드는 것을 자연스럽게 받아들이고, 그 안에서 의미를 찾는 태도는 중년 이후 성공을 이끄는 중요한 심리적 기반이 된다.

결국, 중년 이후의 성공은 더 이상 과거처럼 외적 기준에 얽매이지 않는다. 이제는 자신의 내면에서 행복을 찾고, 삶의 균형을 이루며, 사회와 따뜻하게 연결되는 삶이 진정한 성공이다. 이를 위해 우리는 스스로에게 묻고 또 다듬어야 한다. 나는 어떤 삶을 원하고 있는가? 무엇에 가치를 두고 있는가? 그리고 이 삶은 사회에 어떤 긍정적인 영향을 주고 있는가?

이제 성공은 방향만 달라졌을 뿐, 여전히 계속된다. 자기 성찰을 바탕으로 한 성장, 사회적 기여와 관계의 깊이, 그리고 멈추지 않는 배움의 여정이 우리를 진정한 성공으로 이끈다. 중년 이후의 성공은 단지 '이루는 것'이 아니라, '깊어지는 것'이다.

5
은퇴 이후에도 활발한 활동을 위한 준비

◆

성공적인 경력 전환 후에도 성장은 멈추지 않아야 한다. 은퇴는 끝이 아니라, 인생의 새로운 출발점이다. 꾸준한 준비와 실천이 뒷받침된다면 은퇴 이후에도 활발한 활동과 의미 있는 커리어를 이어 갈 수 있다.

A씨(62세, 제조업 인사담당 임원)는 은퇴 후 HR 컨설턴트로 활동하고 있다. 그는 현직 시절부터 네트워크를 꾸준히 관리하며 은퇴 이후를 준비해왔다. 실제로 은퇴 전부터 기업의 조직문화 개선과 리더십 관련 자문 프로젝트를 맡아오며 점진적으로 전환을 시작했다. 지금은 다양한 기업에서 조직 개발과 리더십 코칭을 수행하며 경제적 안정과 심리적 만족을 동시에 실현하고 있다.

B씨(59세, IT기업 개발자 출신)는 퇴직 후 IT 스타트업의 멘토로 전직했다. 그는 현직 시절부터 업계 커뮤니티 활동을 지속하며 최신 기술 흐름과 인맥을 유지했다. 은퇴 직후에는 초기 창업팀과 협

업하며 멘토링을 시작했고, 지금은 창업지원기관에서 정기 강의를 맡으며 본인의 경험을 나누고 있다.

C씨(65세, 금융업 지점장 출신)는 현재 지역 비영리기관의 이사로 활동 중이다. 은퇴 후 지역 내 금융 관련 네트워크를 활용해 커뮤니티에 재진입했고, 자신의 금융 지식을 바탕으로 지역 주민을 대상으로 한 금융 교육 프로그램을 운영하고 있다. 그는 경제적 수익보다도 봉사와 사회적 기여를 통해 삶의 보람을 느낀다고 말한다.

D씨(61세, 유통업 마케팅 임원 출신)는 은퇴 후 지인들과 함께 소규모 컨설팅 회사를 설립했다. 그는 은퇴 전부터 틈틈이 프로젝트성 컨설팅을 수행하며 고객 기반을 다져 왔다. 지금은 중소기업을 대상으로 마케팅 전략 자문을 제공하며, 다년간의 실무 경험을 자산화하여 안정적인 수익을 올리고 있다.

E씨(60세, 공기업 홍보팀장 출신)는 은퇴 전부터 커뮤니케이션 자격증을 취득하며 계획적으로 준비했다. 이후 프리랜서 강사로 전환했고, SNS를 통한 홍보와 브랜딩을 통해 전국 주요 기관에서 정기 강의를 진행하고 있다.

실제로 AARP(미국 은퇴자협회)의 조사에 따르면 50세 이상 인구의 45%는 은퇴 후에도 경제 활동을 지속할 계획이라고 답했다.

OECD 보고서 또한 은퇴 이후의 경제적 활동이 신체적·정신적 건강에 긍정적인 영향을 미친다고 밝혔다. 하버드 의대 연구에서는 은퇴 후에도 일정 수준의 일과 사회 활동을 병행하는 사람들이 평균 5년 이상 건강 수명이 길었다는 결과가 제시됐다.

은퇴 후 활발한 활동을 위해서는 몇 가지 사전 준비가 필요하다. 첫째는 네트워크 관리다. 퇴직 전부터 인간관계를 꾸준히 유지하고, 새로운 접점을 만들어야 한다. 둘째는 개인 브랜딩이다. 자신의 전문성과 강점을 명확히 정의하고, 이를 외부에 전달할 수 있어야 한다. 셋째는 시장 변화에 대한 조사다. 변화하는 업계와 사회 흐름을 파악함으로써 경쟁력을 유지할 수 있다. 넷째는 역량 개발이다. 은퇴 전후로 필요한 역량을 지속적으로 보완해야 한다. 다섯째는 작은 실천이다. 자문, 강의, 멘토링 등 작게라도 외부 활동을 시작하는 것이 중요하다.

최근 한 모임에서, 한 임원이 회사로부터의 일방적인 퇴직 통보를 단톡방에 공유했고, 이에 많은 회원들이 응원의 메시지를 보내며 제2의 인생을 응원하는 모습을 보았다. 반면, 이런 상황에서 모임에서 갑자기 사라지는 경우도 많다. 이는 단순히 개인적인 선택이 아니라, 자존감 하락, 수치심, 명확한 목표 부재 등 복합적인 심리·사회적 요인이 작용하는 결과다. 갑작스러운 퇴직은 '필요 없는 사람'이라는 인식을 심어 자존감을 떨어뜨리고, 퇴직 사실이 알려지는 것 자체가 수치스럽게 느껴지기도 한다. 이로 인해 커뮤니티 활동을 꺼리고 자신을 고립시키는 경향이 생긴다.

이를 극복하기 위한 방법은 감정을 인정하고 받아들이는 것이다. 수치심, 불안, 혼란은 자연스러운 감정이다. 이와 동시에 소규모의 인간관계를 유지하며 심리적 부담을 줄이는 것이 효과적이다. 무엇보다 자신을 직업이나 소속이 아닌 '사람'으로서 바라보는 연습이 필요하다. 작은 외부 활동—재능기부, 단기 프로젝트, 자문—부터 시작하면 자신감을 회복하는 데 도움이 된다.

은퇴 이후의 삶을 위해서는 몇 가지 태도 전환이 필요하다. 첫째, 은퇴는 실패가 아니다. 단지 커리어의 새로운 전환점일 뿐이다. 둘째, 완벽한 준비보다 실천이 먼저다. 부족하더라도 지금 할 수 있는 일부터 시작해야 한다. 셋째, '직책'보다 '가치'에 집중해야 한다. 마지막으로, 변화는 외부 환경이 아니라 내가 주도하는 것이라는 인식을 가져야 한다.

네트워크는 은퇴 이후의 가장 큰 자산이다. 관계를 유지하고 확장하는 것이 이후 활동의 기반이 된다. 작은 용기와 실천은 활발한 제2의 커리어로 이어질 수 있다.

우리가 잘 아는 유명인들 중에도 예상치 못한 경력 종료를 경험한 후 성공적으로 제2의 커리어를 설계한 사례가 많다. 예를 들어,

배우 로버트 다우니 주니어는 법적 문제로 업계에서 퇴출당했지만, 이후 아이언맨을 통해 전성기를 맞이했다. 그는 철저한 자기관리와 심리 상담, 코칭을 통해 자기 효능감을 회복하며 커리어를 재건했다.

하워드 슐츠는 초기 스타벅스에서 경영철학 차이로 회사를 떠났지만, 이후 스타벅스를 인수해 창업가로 복귀했다. 그는 네트워크를 유지하며 새로운 전략으로 스타벅스를 글로벌 브랜드로 성장시켰다.

오프라 윈프리는 뉴스 앵커로 해고된 뒤, 토크쇼로 전향해 세계적인 미디어 기업가가 되었다. 퇴사 이후 오히려 자율성과 창의성을 발휘할 수 있는 환경으로 이동하며 자신만의 스타일을 구축한 사례다.

스티브 잡스는 자신이 창업한 애플에서 해고된 뒤 넥스트(NeXT)와 픽사(Pixar)를 통해 경력을 재건했고, 결국 애플로 복귀하여 아이폰 출시로 혁신을 이끌었다.

타이라 뱅크스는 모델로서 활동을 마친 후, 하버드에서 공부하고 기업가이자 교육자로 커리어를 전환했다. 그녀는 은퇴 후에도 강의와 콘텐츠 제작 등을 통해 제2의 인생을 활발히 이어 가고 있다.

이들의 공통점은 자기 효능감 회복, 네트워크 유지, 새로운 목표 설정, 역량 강화, 그리고 작은 실천을 통해 자신을 다시 일으켜 세운 데 있다.

나 역시 2015년, 회사 사장이 교체되며 임원들이 하나둘씩 나가는 상황에서 인사부에 있던 나는 가장 먼저 퇴사 통보를 받았다. 당시 나이는 만 50세. 정년까지 10년이나 남았기에 충격은 컸다. 처음엔 당황했지만, 곧 현실적인 문제에 직면하며 다시 일어설 준비를 시작했다. '1년은 쉬겠다' 다짐했지만, 3개월도 채 되지 않아 무언가를 하지 않으면 안 될 것 같다는 위기감이 밀려왔다.

그 당시 퇴사는 내게 끝이 아닌 시작이었다. 지금 돌이켜 보면 60대 중반에 아무 준비 없이 퇴사했을 때보다 훨씬 나은 선택이었다. 특히 임원급의 퇴사는 대부분 자발적이지 않다. 조직 개편과 리더십 교체로 인한 비자발적 퇴사인 경우가 많다. 그만큼 현실을 직시하고, 빠르게 다음 단계를 설정하는 것이 무엇보다 중요하다.

결국, 경력 종료 이후에도 제2의 성공은 가능하다. 심리적 위축보다 방향 재설정과 실행 의지가 핵심이다. 은퇴는 끝이 아니다. 준비된 사람에게는 새로운 성장의 기회다. 계속해서 배우고, 연결하며, 실행하라. 그것이 중년 이후 커리어 지속의 본질이다.

6
변화하는 환경 속에서 계속 적응하는 법

✦

현대 사회는 빠르게 변화하고 있다. 기술 혁신, 경제의 변동성, 사회적 트렌드가 개인의 삶과 커리어에 실질적인 영향을 미친다. 이런 변화 속에서 생존하고 성장하기 위해 가장 중요한 역량은 '지속적인 적응력'이다. 변화를 두려워하기보다는 기회로 받아들이는 태도, 끊임없는 학습과 자기개발, 유연한 사고와 문제 해결 능력, 효과적인 네트워크 활용, 그리고 자기 관리가 핵심 전략이다.

무엇보다 기본은 긍정적인 마인드 셋이다. 변화는 위협이 아니라 성장의 기회다. 실패를 두려워하지 않고, 도전을 통해 배우는 자세는 중년 이후 커리어를 더욱 유연하게 만든다. 변화에 민감하게 반응하고, 기술과 시장의 흐름을 빠르게 포착할 수 있는 사람은 언제든 기회를 잡을 수 있다.

A씨(55세, 제조업 중간관리자)는 코로나19 이후 구조조정으로 인해 퇴직을 경험했다. 처음에는 막막했지만, 긍정적인 마인드로

중장년 재취업 프로그램에 참여했고, 이후 스마트팩토리 관리자로 직무 전환에 성공했다. 그는 변화 앞에서 '학습'을 선택함으로써 새로운 커리어를 열었다.

지속적인 학습과 자기개발은 경쟁력의 핵심이다. 디지털 기술, 데이터 분석, 인공지능(AI)은 모든 산업의 흐름을 바꾸고 있다. 단편적인 지식이 아니라 폭넓고 깊이 있는 지식이 창의적 사고와 융합적 해결력을 만들어 낸다. 온라인 플랫폼(Udemy, Coursera, 패스트캠퍼스 등)을 통해 언제든 배울 수 있는 시대다.

B씨(49세, 금융권 출신)는 은행 퇴직 후, 온라인 과정을 통해 데이터 분석 자격증을 취득했다. 처음 접하는 분야였지만 꾸준한 자기개발을 통해 핀테크 스타트업으로 이직할 수 있었다. 새로운 기술을 익힌 것이 전환의 열쇠가 되었다.

유연한 사고와 문제 해결 능력도 필수다. 고정관념에 갇히면 변화의 물결에 대응할 수 없다. 창의적인 해결책과 융합적인 사고는 문제를 새롭게 바라보는 관점에서 나온다.

C씨(52세, 유통업 영업팀장)는 전통적인 오프라인 영업 방식을 탈피해, 데이터를 기반으로 한 온라인 마케팅을 도입했다. 그는 부서 내 디지털 교육을 자발적으로 주도하며 조직 내 핵심 인재로 인

정받고 있다. 문제 해결 능력과 실행력이 변화에 적응하는 원동력이 됐다.

협력과 네트워크는 변화 적응의 또 다른 자산이다. 개인의 역량만으로는 한계가 있다. 멘토나 동료의 조언, 협력을 통해 시너지 효과를 내는 것이 중요하다. 특히 커뮤니티나 네트워크 참여는 정보와 기회를 얻는 유용한 통로가 된다.

D씨(58세, IT기업 인사 담당)는 퇴직 후 중장년 스타트업 네트워크에 참여했다. 이곳에서 만난 사람들과 협력하여 HR 컨설팅 회사를 창업했고, 현재는 경력 전환에 성공해 새로운 커리어를 이어가고 있다. 사람과의 연결이 곧 기회였다.

변화에 대한 개방성과 호기심도 빼놓을 수 없다. AI, ESG, 블록체인, 메타버스 등 미래를 이끄는 키워드를 미리 탐색하고 수용하는 태도는 변화를 선도하는 데 유리하다. 실패를 두려워하지 않고 다양한 시도를 해 보는 것도 필요하다.

E씨(50세, 교육업계 종사자)는 AI 기술의 잠재력에 주목했고, 챗봇 및 학습 콘텐츠 개발사로 이직했다. 변화에 대한 호기심과 빠른 실행력이 그에게 새로운 커리어 기회를 안겨 주었다.

자기 관리 역시 매우 중요하다. 변화에 적응하려면 정신적, 신체적 에너지가 뒷받침되어야 한다. 스트레스 관리를 위한 취미 활동, 규칙적인 운동, 시간 관리는 변화를 지속적으로 맞이할 수 있는 기반이 된다.

2024년 맥킨지 보고서에 따르면, 중장년층의 '지속적인 적응력'은 변화 속 생존 전략으로 평가된다. 특히 디지털 전환을 이해하고 빠르게 학습하는 능력이 향후 고용 가능성을 좌우할 것이라 전망하고 있다. 하버드 비즈니스 리뷰(HBR, 2023) 또한 "평생학습을 실천하는 사람은 비학습자보다 두 배 이상 변화에 잘 적응한다"고 발표했다. 결국, 학습과 사고의 유연성이 실질적인 경쟁력이다.

나는 지난 28년간 인사 분야에서 경력을 쌓아 왔고, 이를 바탕으로 경력개발 박사학위를 취득했다. 실무 경험과 연구 역량을 연결해 체계적인 커리어 전략을 세웠고, 현재는 경력개발 및 산학협력 담당 특임교수로 7년째 재직 중이다. 외국계 기업의 인사담당자로서 쌓은 경험은 학계에서도 높은 신뢰를 얻고 있다. 하지만 인사 분야조차 AI 기술의 영향에서 자유롭지 않다. 반복적인 업무는 이미 AI가 대체하고 있고, 그 흐름은 더욱 가속화되고 있다.

AI가 인사 업무를 대체하는 이유는 명확하다. 첫째, 반복적이고 정형화된 업무를 AI가 더 빠르고 정확하게 처리할 수 있기 때문이다. 둘째, 데이터 기반 의사결정을 강화하면서 사람보다 정밀한 분석을 가능하게 한다. 셋째, 비용 절감과 업무 효율성 향상이라는 측면에서 기업에게 유리한 구조다. 이에 따라, 채용부터 급여, 평가, 이직률 예측까지 AI가 전방위로 HR 업무를 커버하고 있다.

그러나 AI로도 대체할 수 없는 HR의 핵심 역할은 여전히 존재한다. 첫째는 사람과 사람 사이의 감정적 교류와 공감이다. 조직문화 조성, 갈등 조정, 리더십 코칭 등은 사람만이 할 수 있는 섬세한 영역이다. 둘째는 전략적 HRBP(HR Business Partner)의 역할이다. 경영진과 협력해 조직 전략과 인재 개발을 연결하는 일은 인간 고유의 통찰과 판단이 요구된다.

이러한 환경 속에서 HR 전문가가 준비해야 할 방향은 분명하다. 첫째, 디지털 리터러시와 데이터 분석 역량을 강화해야 한다. People Analytics, HR Tech에 대한 이해가 필수다. 둘째, 인간 중심의 소통 역량을 더욱 심화시켜야 한다. 리더십 코칭, 조직개발(OD), 변화관리 등의 역량은 여전히 사람의 몫이다. 셋째, 'T자형 전문가'로 성장해야 한다. 인사 외에도 비즈니스, 디지털, 산업 전반에 대한 융합적 이해를 갖춰야 한다.

특히, HR 출신 중년층이 맞이하는 변화는 단순한 직무 재조정이 아니라 '직업 세계의 전환'이다. Gartner의 2023년 보고서에 따르면, 5년 이내 HR의 운영직무는 70% 이상이 자동화될 전망이다. 이제 HR은 전략 파트너로서의 역량을 요구받는다.

이러한 변화에 적응하기 위한 전략은 다음과 같다. 첫째, 자기 주도 학습자(Self-directed learner)로 전환해야 한다. 둘째, 성장형 마인드 셋을 통해 실패와 변화를 학습의 일부로 받아들여야 한다. 셋째, 경력을 모듈화하고 재설계하여 포트폴리오 형태로 확장할 수 있어야 한다. 나 역시 경력개발과 커리어 코칭을 중심으로 핵심 역량을 정리하고, 지속적인 학습을 이어 가고 있다.

실제 HR 출신 중년 전문가들의 경력 전환 사례에서도 이 전략들이 잘 드러난다. 예를 들어, A씨는 대기업 인사부장을 거쳐 HR 테크 컨설턴트로 전환했고, B씨는 CHRO에서 리더십 코치로, C씨는 스타트업 HRM에서 HR 콘텐츠 크리에이터로 탈바꿈했다. 이들의 공통점은 디지털 역량 강화, 인간 중심 역량의 심화, 외연 확장, 개인 브랜딩이었다.

결국 변화의 시대에서 중년 HR 전문가가 살아남고 성장하기 위해선 열린 태도, 학습 지속성, 유연한 사고, 협력과 자기 관리가 절대적으로 필요하다. 변화는 위기가 아니라 가능성의 문이다. 준비된 자만이 그 문을 열 수 있다.

7
세상에 '뚝딱' 이루어지는 것은 없다

◆

성공적인 경력 전환 이후에도 중요한 것은 '지속적인 성장'이다. 많은 사람들이 전환 직후에는 안도의 한숨을 내쉰다. 하지만 진짜 시험은 그 이후부터 시작된다. 새로운 환경에 안착하는 것과 지속적으로 성장하며 가치를 창출하는 것은 전혀 다른 이야기다. 전환 초기의 성과에 안주하지 않고, 변화하는 환경에 맞춰 자신을 계속해서 발전시키는 태도가 필요하다.

A씨(47세, 제조업 영업관리자)는 대기업에서 중견기업으로 전직했다. 초반에는 기존의 영업 노하우를 바탕으로 빠르게 실적을 냈지만, 1년이 지나 시장이 급변하자 기존 방식으로는 성과를 유지하기 어려워졌다. 그는 디지털 마케팅 역량을 키우기 위해 온라인 교육과정을 수강했고, 이후에는 소셜 미디어와 데이터를 활용한 영업 전략으로 다시 성장세를 회복했다. 만약 예전 방식에만 머물렀다면 돌파구를 찾지 못했을 것이다.

B씨(53세, 금융업 리스크 관리자)는 은퇴 후 컨설턴트로 전향했다. 처음에는 과거 인맥과 경험 덕에 여러 프로젝트를 수주했지만, 곧 디지털 리스크 분야에서 후배들과의 경쟁이 심화됐다. 그는 온라인 MBA 과정을 수료하고 최신 리스크 관리 프레임워크를 익혔다. 이후에는 디지털 전환 프로젝트에 특화된 전문 컨설턴트로 재도약했다. 끊임없는 자기개발 없이는 지속적인 성장이 어려운 현실을 보여 준다.

C씨(50세, IT서비스 기획자)는 스타트업으로 이직한 후에도 대기업 시절의 일하는 방식만 고수했다. 그 결과, 변화에 둔감하다는 평가를 받았고 팀과의 갈등도 생겼다. 그는 이를 계기로 애자일(Agile) 방법론을 도입했고, 수평적 커뮤니케이션 능력을 강화하여 팀워크를 회복했다. 환경에 따라 유연하게 '움직인' 덕분에 그는 다시 팀 내 핵심 인력으로 자리 잡을 수 있었다.

D씨(55세, 유통업 구매팀장)는 중소기업의 COO로 새롭게 시작했다. 초기에는 자신의 시스템화된 업무 방식이 도움이 되었지만, 스타트업의 불확실성과 빠른 실행 문화에 적응하는 데는 시간이 걸렸다. 그는 코칭 프로그램에 참여하며 리더십 스타일을 재정립했고, 이후에는 팀원과 함께 문제를 해결하는 방식으로 조직을 이끌었다. 변화 속에서 방향을 조정한 전략이 효과를 발휘했다.

E씨(52세, 광고업 마케팅 디렉터)는 프리랜서로 독립했다. 초기

에는 기존 고객사 덕분에 비교적 안정적인 수익을 올렸지만, 시간이 흐르면서 새로운 고객 유입이 줄어들었다. 그는 SNS 마케팅과 퍼스널 브랜딩을 본격적으로 시작했고, 온라인 플랫폼에서 자신을 알리며 새로운 프로젝트 기회를 확보했다. 지속적인 자기 홍보와 역량 강화가 시장에서의 입지를 다시 만들어 냈다.

이러한 사례들은 하나같이 '멈추지 않는 자기개발'이 얼마나 중요한지를 보여 준다. 맥킨지(McKinsey & Company, 2024)의 보고서에 따르면, 경력 전환 후 3년 이내에 새로운 직무 역량을 개발한 사람은 그렇지 않은 사람보다 성과가 22% 더 높았다. 또한 하버드 비즈니스리뷰(2023)는 "경력 전환 이후 자기개발을 꾸준히 한 사람들의 직무 만족도와 삶의 만족도가 모두 높은 수준을 기록했다"고 분석했다.

현대의 경영 환경은 과거와는 비교할 수 없을 만큼 빠르게 변화하고 있다. 세계경제포럼(WEF, 2025)은 "2025년까지 현재 직무의 50% 이상이 자동화 혹은 디지털화의 영향을 받을 것"이라고 전망했다. 이는 기존 방식만으로는 경쟁력을 유지하기 어렵다는 의미다. 그렇다면 어떻게 준비해야 할까?

딜로이트(Deloitte, 2024)는 지속 가능한 성장을 위해 다음 세 가지를 강조한다. 첫째, 디지털 역량을 강화하라. 둘째, 시장 변화를 민감하게 파악하는 학습 습관을 기르라. 셋째, 멘토링과 네트워크에 지속적으로 참여하라. '세상에 뚝딱 이루어지는 일은 없다'는 말처럼, 어떤 성과도 노력과 시간이 쌓여야 가능하다. 배우고, 시도하고, 연결하며, 변해야 한다.

나 역시 2019년부터 대학교에서 재직하며 이 사실을 절감했다. 기업에서 오랜 시간 인사 업무를 하다 학교로 경력 전환을 하게 되었고, 서울의 주요 대학에서 비전임 교수로 일하고 있다. 나는 스스로를 '영업 교수'라 부른다. 학생들을 위해 다양한 기업과 협업하고, 교과목을 개설하며, 장학금과 기부금을 유치하는 등 활발히 움직이고 있다.

학교 직원들은 내가 기획한 일이 빠르게 성과로 이어지는 걸 보고 "어떻게 이렇게 뚝딱 해결하세요?"라고 자주 묻는다. '뚝딱'이라는 말은 손쉽게 일을 해내는 사람이라는 의미로, 결국 나의 별명이 되었다. 하지만 이 '뚝딱'은 절대 쉽게 나온 결과가 아니다. 각 프로젝트마다 기업당 6~8개월의 준비 기간이 필요했고, 기획과 관계 형성, 실행까지 많은 시행착오를 겪어야 했다. 기획의 절반은 기업의 니즈와 맞지 않아 무산되었다. 진정성 있는 시도만이 지속 가능한 성장을 만든다는 것을 체감했다.

경력 전환 이후에는 몇 가지 전략이 필요하다. 첫째, 겸손하게 배우는 자세다. 둘째, 기존 경험에만 의존하지 않고 새로운 방식을 배우려는 태도다. 셋째, 적극적으로 새로운 네트워크를 구축해야 한다. 넷째, 작게라도 성과를 내어 자신감을 확보해야 한다. 마지막으로, 변화에 맞춰 방향을 조정할 수 있는 유연성을 가져야 한다.

미국심리학회(APA)에 따르면, 경력 전환을 경험한 사람의 60% 이상이 초기 2년 동안 어려움을 겪는다. 특히 중년 이후에는 네트워크 약화와 관성으로 인해 전환이 더딜 수밖에 없다. 실제로 나 역시 이화여대에서의 3년 동안 '튀지 않기', '질문 줄이기', '다시 배우기'라는 원칙을 지키며 조직에 녹아들기 위해 노력했다. 그 후 숙명여대에 와서는 훨씬 수월하게 적응할 수 있었다.

결국, 변화는 단순히 '일하는 장소'를 바꾸는 것이 아니라 '사고방식과 행동 방식'을 바꾸는 일이다. 그것은 하루아침에 이루어지지 않는다. 그러나 준비된 사람만이 새로운 환경에서 다시 성장할 수 있다. 변화는 위기가 아니라, 또 하나의 기회다. 그리고 그 기회는 스스로 움직일 때 비로소 열린다.

8
후배와 다음 세대를 위한 기여와 나눔

◆

중년 이후 경력 전환에 성공한 사람들은 한 가지 공통된 특징이 있다. 그것은 개인의 성장에 머무르지 않고, 조직과 사회에 긍정적인 영향을 남기려는 태도다. 특히 후배와 다음 세대에게 자신이 축적한 경험과 지식을 아낌없이 나누며 의미 있는 삶을 이어 간다. 이러한 태도는 개인의 삶을 더욱 풍요롭게 만들고, 동시에 조직과 사회의 지속 가능성에도 기여한다. 최근 Harvard Business Review에서 발표한 'The Power of Mentoring' 연구에 따르면, 중장년층이 조직 내에서 멘토 역할을 수행할 때 조직의 몰입도가 27% 이상 증가한다고 한다. 또한, MentorcliQ의 조사에 따르면 멘토링 프로그램에 참여한 직원의 이직률이 비참여자보다 22% 낮은 것으로 나타났다. 이는 단순한 기여를 넘어 조직 전체에 긍정적인 영향을 준다는 사실을 보여 준다.

A씨(55세, 외국계 기업 인사부 임원)는 50대 초반에 경력 전환

을 결정했다. 현재는 대학교에서 강의하며 학생들과 후배 직장인들에게 인사와 리더십 관련 멘토링을 제공하고 있다. 그는 "현장에서 쌓은 30년의 경험이 학생들과 후배들의 실질적인 고민 해결에 도움이 될 때 가장 보람을 느낀다"고 말한다. 뿐만 아니라 지역 청년 창업센터의 자문위원으로도 활동하며, 창업 초기의 다양한 문제 해결에 기여하고 있다. A씨는 자신의 커리어를 사회적 자산으로 전환해 가고 있다.

B씨(58세, 대기업 영업 부서장)는 퇴직 후 지역 중소기업 지원센터에서 컨설턴트로 활동하고 있다. 그는 후배 영업인들에게 실전 전략과 노하우를 전수하며, 현실적인 문제 상황에 대한 솔루션을 제시한다. "단순한 이론이 아니라, 실제 사례를 공유할 때 후배들이 고개를 끄덕인다. 그럴 때 가장 큰 보람을 느낀다"고 그는 말한다. 실제로 B씨가 컨설팅에 참여한 기업들은 평균 15% 이상의 영업 성과 개선을 경험했다고 한다. 이는 한국산업연구원의 '중소기업 맞춤형 컨설팅 효과 분석 보고서' 수치와도 일치한다.

C씨(60세, 공기업 퇴직자)는 정년퇴직 후 청소년 진로 코칭 전문가로 활동 중이다. 그는 직장 생활을 하며 겪었던 희로애락을 바탕으로, 진로에 대한 막연한 고민을 가진 청소년들에게 현실적인 조언을 건넨다. "내 경험이 다음 세대에게 방향성을 제시하는 데 도움이 된다면, 그것만으로도 의미 있는 일"이라고 그는 말한다. 실

제로 청소년정책연구원의 조사에 따르면 진로 멘토링을 경험한 청소년의 72%가 "진로 설계에 실질적인 도움이 되었다"고 응답했다.

D씨(54세, IT 기업 창업자)는 스타트업 창업 후 성공적인 매각 경험을 바탕으로 현재는 청년 창업가들을 위한 멘토링을 이어 가고 있다. 그는 특히 기술 창업의 현실적인 리스크와 자금 조달에 대한 조언을 아끼지 않는다. "실패 사례를 숨기지 않고 솔직하게 이야기하는 것이 후배들에게 가장 필요한 부분"이라 강조한다. 한국벤처투자에 따르면, 멘토링을 받은 스타트업의 생존율은 멘토링을 받지 않은 그룹보다 약 20% 이상 높은 것으로 보고되었다.

E씨(57세, 금융권 퇴직자)는 은퇴 후 사회적 기업을 창업해 수익의 일부를 장학금으로 기부하고 있으며, 금융 교육 프로그램을 운영해 지역 청년들에게 재무관리의 중요성을 전하고 있다. 그는 "단순한 금전적 기부보다, 나의 경험을 활용해 실질적인 도움을 주는 것이 중요하다"고 말한다. 한국사회적기업진흥원에 따르면, 사회적 기업의 68%가 청년 고용과 교육 프로그램을 통해 지역 사회에 기여하고 있는 것으로 나타났다.

이처럼 중년 이후 커리어 전환에 성공한 이들은 단순히 개인의 성공에 머무르지 않고, 축적된 경험과 지식을 바탕으로 후배 세대에 실질적인 도움을 주며, 지속적인 성장의 길을 걷고 있다. McKinsey

의 'The economic impact of older workers' 보고서에 따르면, 시니어 전문가가 후배를 지원하는 네트워크가 잘 구축된 조직일수록 생산성이 평균 21% 높다고 밝혔다. 이는 개인의 기여가 조직 성과에도 연결된다는 사실을 보여 준다.

나 역시 2015년 샤넬 퇴직 이후 멘토의 추천으로 한국장학재단의 차세대 리더 육성 멘토로 활동했다. 2년간 전국 대학생을 대상으로 한 멘토링 프로그램에 참여했고, 매년 7~8명의 멘티를 선발해 정기적인 멘토링을 제공했다. 멘티들은 현재 각자의 길을 잘 걷고 있으며, 우리는 여전히 인연을 이어 가고 있다. 이외에도 2015년부터 여성 리더를 지원하는 비영리법인 WIN(Women in INnovation)에서도 활동 중이다. 매년 산업별 여성 중간관리자 250명을 대상으로 30여 명의 멘토 중 한 명으로 참여하고 있으며, 10년 가까이 꾸준히 이어 가고 있다.

이러한 활동은 금전적 기부가 아니라 순수한 재능기부이자, 과거 내가 도움을 받았던 고마운 사람들에게의 작지만 진심 어린 보답이다. 젊은 세대와 소통하면서 나 역시 배우고 성장하며, 자녀 세대와의 공감 능력도 함께 높아졌다. 때로는 기업 퇴직 임원을 초대해 학교에서 식사를 함께하며 이야기를 나누고, 특강 기회를 연결하기도 한다.

후배 세대에 대한 기여는 다음과 같은 다양한 방식으로 실현될 수 있다. 첫째, 직접적인 멘토링과 코칭을 통해 실질적인 문제 해결을 돕는 것이다. 둘째, 강연, 저서, 워크숍 등으로 다수에게 지식을 공유하는 방식이 있다. 셋째, 창업, 사회적 기업, 비영리 활동 등을 통해 후배 세대가 성장할 수 있는 구조를 만드는 것이다. 넷째, 직장 내 후배 역량 강화를 위한 프로그램 기획과 지원을 통해 기여할 수 있다. 마지막으로, 지속적인 피드백과 조언을 통해 후배들의 성장을 도울 수 있다.

이러한 기여는 결국 자기 효능감과 삶의 만족도를 높이는 데에도 기여한다. Harvard 심리학자 에릭 에릭슨은 중년기 이후 사람들은 'Generativity(생산성)'라는 심리적 욕구를 갖는다고 설명했다. 이는 다음 세대에 무언가 의미 있는 흔적을 남기고자 하는 자연스러운 욕구다. Stanford University 연구에 따르면, 이러한 활동의 동기는 재정 상태보다 '삶의 의미 추구'와 '자기 효능감'에서 비롯된다고 한다.

실제 사례에서도 확인할 수 있다. G씨(60세, 마케팅 부장 퇴직자)는 경제적으로 넉넉하지 않음에도 지역 도서관에서 무료 특강을 지속하며, SNS를 통해 후배들과 소통하고 있다. F씨(59세, IT 엔지니어 퇴직자)는 지역 중학교에서 코딩 멘토링을 하고, 견학도 연결해 주고 있다. G씨(55세, 인사 담당자 퇴직자)는 구직자 모임 커뮤니티를 자발적으로 운영하며 이력서 작성과 면접 준비를 돕는다. H씨(60세, 귀향 창업가)는 농촌 청년들과 협동조합을 설립하고 공공 지원을 연결하고 있다. I씨(57세, 기업 퇴직자)는 청소년 쉼터에서 진로 상담을 꾸준히 해 오고 있다. 이처럼 금전적 여유보다 '자신의 경험을 나누고 싶다'는 가치관과 내적 동기가 중요한 요인이다.

누구나 실행 가능한 기여 전략도 있다. ① 지식 기반의 무자본 멘토링, ② 공공기관과 협력한 자문 활동, ③ 자발적 커뮤니티 조직 및 운영, ④ 블로그·유튜브 등을 통한 콘텐츠 공유, ⑤ 직장 내 1:1 코칭 등이 그것이다.

결국, 성공적인 경력 전환 이후에도 지속적인 성장을 가능하게 하는 핵심은 '나의 성장'에서 '우리의 성장'으로 이어지는 흐름을 만드는 것이다. 후배와 다음 세대가 더 나은 미래를 설계할 수 있도록 돕는 일은, 중년 이후 커리어의 진정한 완성이자 인생 후반기의 의미 있는 도약이라 할 수 있다.

부록

A. 유용한 도구와 리소스 목록

커리어 전환, 역량개발, 네트워킹, 개인 브랜드 구축에 초점

분야	도구/리소스	설명	활용 목적
경력 진단	MBTI, STRONG, CliftonStrengths	성격유형, 직업 흥미, 강점 분석 도구	자기 이해 및 커리어 방향 설정
직무 분석	O*NET, 워크넷 직업 정보	직업별 요구 역량, 전망 정보 제공	새로운 직무 탐색 및 경력 설계
스킬 개발	Coursera, Udemy, K-MOOC	온라인 강좌 플랫폼	최신 트렌드 학습 및 역량 강화
자격 및 인증	LinkedIn Learning, ATD, PMI	글로벌 인증 및 전문 자격증 과정	경력 전환 및 전문성 증명
네트워킹	LinkedIn, Meetup, 온오프라인 포럼	전문가 커뮤니티 및 네트워크 플랫폼	인맥 구축, 정보 교환, 멘토링
개인 브랜드	Notion, 블로그(브런치, 티스토리)	콘텐츠 제작 및 포트폴리오 정리 도구	개인 브랜드 강화, Thought Leadership
이력서/ 포트폴리오	Canva, Resume.io	이력서 및 비주얼 포트폴리오 제작 도구	경력자료 시각화 및 전문성 어필
시간/ 목표 관리	Trello, Todoist, Microsoft Planner	프로젝트 및 목표 관리 도구	효율적인 업무/경력 전환 준비
코칭/ 멘토링	코치닷컴, 코칭센터, 사내멘토링제	전문 코치 및 멘토링 서비스	커리어 코칭 및 심리적 지원
재무 관리	뱅크샐러드, 머니트리, 자산관리사 상담	자산 관리 및 재무 설계 앱/서비스	퇴직 후 재무 안정성 확보

B. 중년 경력전환을 위한 추천 사이트/커뮤니티

카테고리	사이트/커뮤니티	설명	활용 목적
경력전환 정보	커리어넷 (www.career.go.kr)	직업정보, 경력개발 가이드 제공	경력진단, 직업탐색, 전환 전략 수립
재취업/ 전직 지원	잡코리아 시니어, 사람인 시니어	중장년층 특화 채용 정보 제공	재취업 정보 탐색 및 이력서 등록
정부 지원 프로그램	중장년일자리희망센터 (www.work.go.kr/senior)	고용노동부 산하 중장년 경력설계 지원	정부 지원 컨설팅 및 교육 프로그램
온라인 커뮤니티	브런치 (brunch.co.kr)	전문가 및 개인의 콘텐츠 공유 플랫폼	개인 브랜딩, 글쓰기 및 네트워킹
전문가 네트워크	LinkedIn (www.linkedin.com)	글로벌 비즈니스 네트워크 플랫폼	전문가 네트워킹 및 구직 활동
창업 지원	K-Startup (www.k-startup.go.kr)	정부 창업지원 정책, 창업 교육 제공	창업 관련 교육 및 지원금 정보
멘토링 플랫폼	토스랩 '멘토링 코리아'	온라인 멘토링 연결 플랫폼	경력 멘토링 및 코칭 서비스
교육/ 자격 과정	K-MOOC(www.kmooc.kr), HRD-Net	무료 온라인 강좌 및 직업훈련 정보	리스킬링, 업스킬링, 자격 취득
중장년 커뮤니티	50플러스재단 (50plus.or.kr)	서울시 중장년 대상 커뮤니티 및 지원	세컨드 커리어, 사회 공헌 활동 연계
업종별 포럼	Meetup (www.meetup.com)	오프라인 네트워크 및 스터디 모임	관심 분야별 커뮤니티 참여 및 네트워킹

C. 산업/직무별 맞춤형 커뮤니티

산업/직무 분야	추천 커뮤니티/사이트	설명	활용 목적
경영/HR/ 컨설팅	HR포럼, 한국HRD협회	HR전문가 대상 커뮤니티 및 포럼	HR전문가 네트워킹 및 최신 HR 트렌드 습득
금융/재무	한국FP협회, KIF 금융포럼	금융·자산 관리 전문가 커뮤니티	금융권 경력자 네트워크 및 자격/교육 정보
IT/디지털 전환	OKKY, 디지털전환포럼(DX포럼)	IT 및 DX 전문가들의 커뮤니티	디지털 역량 강화 및 실무 트렌드 공유
마케팅/ 브랜딩	마케팅클럽, PUBLY	마케팅·브랜딩 관련 콘텐츠 및 커뮤니티	최신 마케팅 전략 및 실무 사례 학습
교육/강사/ 코칭	한국코치협회, 강사닷컴	전문 강사 및 코치 대상 커뮤니티	강의/코칭 스킬 향상 및 시장 정보 탐색
스타트업/ 창업	EO(Entrepreneurship Organization), 로켓펀치	스타트업/창업 커뮤니티 및 구인구직	창업 관련 정보 습득 및 스타트업 네트워킹
문화/예술/ 콘텐츠	텀블벅 커뮤니티, 브런치 작가 모임	창작자, 예술가 대상 커뮤니티	콘텐츠 제작, 예술활동 네트워크 구축
비영리/ 사회공헌	NPOpia, 비영리IT지원센터	비영리/사회적 기업 활동 커뮤니티	사회공헌 및 비영리 분야 활동 정보 탐색
전문직 (법률/노무 등)	대한변협 포럼, 한국공인노무사회	법조인, 노무사 등 전문직 커뮤니티	전문직 네트워크 및 세컨드 커리어 설계
헬스케어/ 웰니스	메디칼타임즈, 대한헬스케어디자인학회	의료 및 헬스케어 종사자 커뮤니티	헬스케어 산업 정보 공유 및 커리어 전환

D. 자기 진단 체크리스트

구분	진단 항목	질문	Yes/No
1. 경력 점검	현재 직무 만족도	지금의 일에 만족하고 있는가?	☐ Yes ☐ No
	직무 지속 가능성	현재 직무가 향후 5~10년 후에도 유효할 것인가?	☐ Yes ☐ No
	경력의 차별성	내 경력이 경쟁력 있는 스토리와 성과를 가지고 있는가?	☐ Yes ☐ No
2. 역량 진단	핵심 역량 보유	내 직무 또는 관심 분야에서 핵심역량(전문지식, 문제 해결력 등)을 보유하고 있는가?	☐ Yes ☐ No
	리스킬링/업스킬링 필요성	새로운 기술이나 지식 습득이 필요한가?	☐ Yes ☐ No
	디지털 역량	디지털 도구/IT 기술을 업무에 효과적으로 활용하고 있는가?	☐ Yes ☐ No
3. 경력 전환 준비	커리어 목표	중장기적인 커리어 목표가 구체적으로 설정되어 있는가?	☐ Yes ☐ No
	세컨드 커리어 시나리오	퇴직 이후 또는 세컨드 커리어에 대한 구체적인 계획이 있는가?	☐ Yes ☐ No
	다양한 일 경험	본업 외 부업, 프로젝트, 프리랜서 등의 경험이 있는가?	☐ Yes ☐ No
4. 네트워크 관리	내부 네트워크	사내 또는 기존 업계에서 신뢰할 만한 네트워크를 보유하고 있는가?	☐ Yes ☐ No
	외부 네트워크	새로운 산업 또는 다양한 커뮤니티와의 네트워크를 구축하고 있는가?	☐ Yes ☐ No
5. 개인 브랜드	포트폴리오	나를 잘 설명할 수 있는 포트폴리오(성과 자료, 자기소개서 등)를 보유하고 있는가?	☐ Yes ☐ No
	SNS 및 온라인 활동	온라인에서 내 전문성을 드러내는 활동(SNS, 블로그 등)을 하고 있는가?	☐ Yes ☐ No
6. 재무 및 라이프 플랜	재무 준비	퇴직 후 또는 전환기에 필요한 재무적 준비가 되어 있는가?	☐ Yes ☐ No
	건강 관리	장기적인 커리어 지속을 위한 체력 및 건강관리를 하고 있는가?	☐ Yes ☐ No
	일-삶 균형	워라밸 및 개인 삶의 만족도가 높은가?	☐ Yes ☐ No

E. 중년 이후 경력 관리를 위한 실행 계획 워크시트

구분	개선 필요 영역	구체적 실행 목표	실행 방법/활동	목표 기한	점검 여부
경력 점검	(예: 직무 지속 가능성)	(예: 향후 5년 이상 유효한 경력전환 가능성 확보)	(예: 업계 트렌드 조사 및 직무 리서치)	(예: 3개월 이내)	☐ 완료
역량 개발	(예: 리스킬링 필요성)	(예: AI/디지털 역량 강화)	(예: 온라인 강의 수강, 자격증 취득)	(예: 6개월 이내)	☐ 완료
경력 전환 준비	(예: 세컨드 커리어 시나리오 미흡)	(예: 퇴직 후 컨설팅/코칭 커리어 구체화)	(예: 세컨드 커리어 로드맵 작성 및 멘토링 받기)	(예: 1년 이내)	☐ 완료
네트 워크 관리	(예: 외부 네트워크 부족)	(예: 업계 외 커뮤니티 3곳 이상 참여)	(예: 전문 포럼 참석, 네트워킹 이벤트 참여)	(예: 6개월 이내)	☐ 완료
개인 브랜드	(예: 포트폴리오 부재)	(예: 개인 포트폴리오 및 자기소개서 업데이트)	(예: Notion으로 포트폴리오 제작)	(예: 2개월 이내)	☐ 완료
재무 및 라이프 플랜	(예: 재무 준비 부족)	(예: 퇴직 후 3년치 생활비 마련)	(예: 금융 상담 및 재무 계획 수립)	(예: 6개월 이내)	☐ 완료
기타 개인 과제	(예: 건강 관리 미흡)	(예: 주 3회 운동 및 정기 건강검진)	(예: 운동 루틴 구성 및 예약)	(예: 1개월 이내)	☐ 완료

워크시트는 **진단 → 목표 설정 → 실행 계획 → 기한 설정 → 점검** 순서로 작성하여 실제 실행력으로 이어지도록 설계됨

F. 퇴직 후의 경력로드맵 예시(10년 기준)

구분	1~2년 차	3~5년 차	6~8년 차	9~10년 차
핵심 목표	현재 직무 재정비 및 미래 준비	경력 다각화 및 네트워크 확장	전문성 강화 및 개인 브랜드 구축	세컨드 커리어 or 은퇴 후 포트폴리오 완성
경력 전략	현재 직무의 핵심 역량 강화 및 트렌드 학습	새로운 분야(관련 분야)의 경험 확장 및 전환 준비	컨설팅, 강의, 집필 등 외부 활동 시작	본업 이외의 새로운 커리어 확립(자문, 창업 등)
역량 개발	최신 산업 동향 파악, 리스킬링, 업스킬링	자격증 취득, 리더십/커뮤니케이션 능력 강화	전문 강사 과정, 멘토링 역량 개발	융합형 역량(경영+전문분야+디지털 스킬)
네트워크	사내/업계 네트워크 재정비	업계 전문가, 외부 커뮤니티 활동	전문 커뮤니티에서 영향력 있는 멤버로 자리매김	차세대 인재 멘토링 및 후진 양성 활동
브랜드 구축	개인 브랜드 방향성 설정(전문성 분야 선정)	SNS, 블로그, 외부 기고 등으로 콘텐츠 발행	강의/세미나, 저서 발간 등으로 Thought Leader화	자신만의 브랜드로 외부 프로젝트 리딩
재무 전략	재무 현황 점검 및 세컨드 커리어 준비자금 마련	투자/창업 준비 등 재무 포트폴리오 다각화	퇴직 이후 수익모델 설계	안정적인 수익구조 확립(퇴직금+부가 수익)
라이프 스타일	워라밸 점검 및 건강관리	일-삶 균형 재설계, 장기 여행, 자기개발	가족/사회와의 관계 강화, 라이프워크 설정	의미 중심의 삶, 커뮤니티 기여 및 자율적 일

중년,
엣지있게 디자인하라

ⓒ 윤경희, 2025

초판 1쇄 발행 2025년 6월 16일

지은이	윤경희
펴낸이	이기봉
편집	좋은땅 편집팀
펴낸곳	도서출판 좋은땅
주소	서울특별시 마포구 양화로12길 26 지월드빌딩 (서교동 395-7)
전화	02)374-8616~7
팩스	02)374-8614
이메일	gworldbook@naver.com
홈페이지	www.g-world.co.kr

ISBN   979-11-388-4391-1 (03320)

- 가격은 뒤표지에 있습니다.
- 이 책은 저작권법에 의하여 보호를 받는 저작물이므로 무단 전재와 복제를 금합니다.
- 파본은 구입하신 서점에서 교환해 드립니다.